Opinion

DE

M. CRISTOPHE,

Quatrième Partie,

LE DERNIER JOUR D'UN HOMME.

PAR M. BOUCHER DE PERTHES.

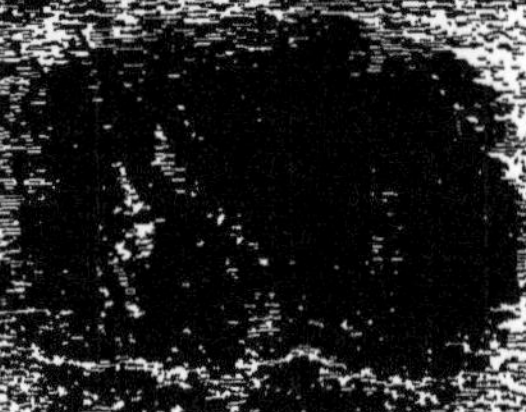

PARIS.

TREUTTEL ET WURTZ, LIBRAIRES,

RUE DE LILLE, N° 17.

M DCCC XXXIV.

Opinion

DE

M. CRISTOPHE.

QUATRIÈME PARTIE.

Ouvrages du même Auteur.

EN VENTE :

Romances, Légendes et Ballades, 1 vol. grand in-18 (400 pages).

Chants Armoricains, 1 vol. (320 pag.)

Nouvelles, 1 vol. (388 pag.).

Satires, Contes et Chansonnettes, 1 vol. (576 pages).

Opinion de M. Cristophe, 1re partie, 2e édition.

Opinion de M. Cristophe, 2e partie, suivie de son Voyage commercial et philosophique.

Opinion de M. Cristophe, 3e partie.

Opinion de M. Cristophe, 4e et dernière partie.

Sous-Presse :

Petit glossaire ou traduction de quelques mots financiers, 1 vol. — Esquisses de mœurs administratives. 1 vol.

Essai sur l'Origine et la Progression des Êtres. Tome Ier.

CES DIVERS OUVRAGES SE TROUVENT A PARIS

Chez TREUTTEL et WURTZ, libraires, rue de Lille, 17.
A. PINARD, imprimeur, quai Voltaire, 15.
DUFEY libraire, rue des Marais, 17.
AMYOT, libraire, rue de la Paix, 6.
DELAUNAY, Palais-Royal.

IMPRIMERIE ET FONDERIE DE A. PINARD,
QUAI VOLTAIRE, 15.

OPINION

DE

M. CRISTOPHE,

QUATRIÈME PARTIE,

OU

LE DERNIER JOUR D'UN HOMME,

PAR

M. BOUCHER DE PERTHES.

PARIS.

TREUTTEL ET WURTZ, LIBRAIRES,

RUE DE LILLE, N° 17.

1834.

Opinion

DE

M. CRISTOPHE.

Quatrième Partie.

MALADIE DE M. CRISTOPHE
ET SON TRAITEMENT.

183 têtes de mort à un sou, disait la vieille portière en se parlant à elle-même, font 183 sous ; ce qui en livres, sous et deniers, donne 9 francs 15 centimes. Plus 200 clous, à 5 liards la douzaine... Ici, la bonne femme s'embrouillait dans son arithmétique ; elle recommençait son calcul par les têtes, et venait de nouveau se perdre dans les clous.

Ce que dame Marguerite, tel était son nom, supputait ainsi tout haut, quoique pour sa seule intelligence, c'étaient les frais d'enterrement du vigneron qu'elle croyait sur le grand chemin de l'éternité.

Il y allait effectivement, mais ce cliquetis de chiffres le troublait dans sa marche. D'abord faible comme le souffle qui précède l'orage, ce bruit ne l'avait que légèrement affecté; peu à peu le même son, répété sur ses organes affaiblis, atteignant les régions internes, son ame s'était identifiée avec les comptes fantastiques de la vieille, ses calculs et ses additions; alors ce ne fut plus un simple murmure, un bourdonnement seulement incommode, c'était la voix de la tempête, le cri de l'ouragan, et les centimes résonnaient dans son cerveau contre les centimes, avec un retentissement égal à celui des cloches de Notre-Dame.

Il n'en fallait pas moins pour l'arrêter sur la pente où il se trouvait. D'un corps mort à un corps vivant, il n'y a ni une seconde, ni un quart de ligne, pas même un millième; un sommeil un peu plus ou un peu moins profond fait la vie ou la mort. Aussi futce chose heureuse que la bonne femme eût troublé celui de M. Cristophe, et qu'elle l'eût tenu dans cet état intermédiaire, et comme suspendu sur ce nuage de comptes et cette gloire d'*oremus*, cierges et peintures, qui, suivant elle, devaient merveilleusement embellir le catafalque, réjouir les fidèles et consoler le défunt.

Toutefois il fut un instant où, exténuée de ses chiffres, et n'en pouvant trouver la solution, elle s'arrêta tout court ; alors il advint au malade ce qui arrive à un enfant qu'on berce à tour de bras et qu'on laisse subitement dans une immobilité complète ; il se réveilla tout-à-fait, et, s'étant retourné, il vit la vieille pleurant ; il se mit à pleurer aussi.

Sur qui et pourquoi? je ne pourrais le dire; le bonhomme n'y était pas sujet ; ce qui venait peut-être de ce qu'à ses débuts dans les lettres, un pédagogue zélé pour l'ancienne méthode avait tellement poussé en dehors l'humeur lacrymale de son cerveau, en appliquant journellement sur la partie opposée l'instrument de son système, qu'il n'était pas resté au patient une seule larme pour plus d'un demi-siècle. Ce qui prouve encore que le mal produit un bien ; car rien n'est plus insupportable que les pleurards, et rien n'est moins utile que de pleurer, sauf dans les rhumes de cerveau, ou au mélodrame pour la consommation de son billet et l'avenir de la recette.

Tant est que la vieille pleurait, que M. Cristophe

pleurait, l'une parce qu'elle le croyait mort, l'autre parce qu'il était encore en vie.

Ceci dura jusqu'à ce qu'enfin il vînt à l'esprit de la dame portière, que, puisqu'il n'était pas au nombre des trépassés, il fallait le traiter en vivant, et elle lui demanda s'il voulait quelque chose. Le dolent vigneron lui répondit qu'une gorgée de vin lui ferait du bien, et il lui indiqua une bouteille qu'il avait fait venir la veille du cabaret voisin.

Elle en versa un demi-verre qu'elle présenta au brave homme qui fronça le sourcil en apercevant du vin blanc, car le jour d'avant il était du plus beau pourpre qui jamais ait flatté l'œil du Bourguignon à la cuvée. La dame, qui se connaissait en liquide parisien, vit aussi la transformation que son hôte ébahi considérait comme il eût fait du miracle de Cana. Elle ne s'en étonna pas plus que de tous les autres accidens chimiques, bachiques ou politiques que les bonnes gens de la capitale sont accoutumés à regarder comme de simples effets de la nature et des élémens. Elle jeta dédaigneusement la liqueur versée, secoua avec vigueur la bouteille, et il en coula du vin rouge, aussi naturel, aussi appétissant que le meilleur dont puisse s'honorer l'industrie cabaretière ou l'art du teinturier. Radieuse, elle l'offrit au malade.

A cette nouvelle preuve de la perversité du siècle, à ce mépris des lois divines et humaines, et de la noble science de la vigne, le triste industriel se frappa la tête sur son oreiller, et se mit à sanglotter. De tous les coups qui l'avaient atteint depuis son arrivée à Paris, c'était là le plus sensible, car il venait à l'appui des infames diatribes de son cruel ennemi le souffleur, ce Néron des marchands de vin. La vieille approcha la coupe de ses lèvres, et l'infortuné les serra avec la même horreur que si elle eût contenu le cœur de Couci ou tous les poisons de Locuste. Il retomba bientôt dans son assoupissement fébrile, et l'autre dans ses comptes d'enterrement.

La matinée se passa ainsi. Dans l'après-dîner, le médecin arriva. Ce n'était pas celui de la veille; appelé je ne sais où pour un cas réservé, et se devant ailleurs à des cliens plus anciens, il avait passé M. Cristophe à l'ordre d'un jeune avocat qui, ayant achevé son cours de droit, venait d'embrasser la médecine, en échangeant son examen et son diplôme contre ceux d'un élève en chirurgie qui préférait le barreau; transaction fort usitée parmi la jeunesse studieuse, et qui est tout entière dans l'intérêt de la science et de la liberté. Quant à celui des malades et des plaideurs, je n'en dirai rien, car cela ne me regarde pas.

La nouveauté a toujours des charmes, aussi notre docteur, tout feu pour son état improvisé, n'avait eu ni cesse ni repos qu'il n'eût trouvé un corps à étudier, mort ou vivant. Le hasard lui en avait donné un vivant, et la bonne étoile de M. Cristophe l'avait livré à ce jeune savant plein d'ardeur et de zèle.

En entrant, il prit le pouls du malade qui se réveilla et considéra attentivement ce nouveau visage qui le priait de montrer sa langue.

Je viens de dire nouveau, et cependant ledit visage ne l'était pas pour M. Cristophe. On se souvient d'un amateur que nous avons rencontré à la place de Grève, assistant à une grande opération chirurgicale que faisait en public, pour l'instruction de tous, un puissant docteur en médecine légale. Est-ce la beauté de cette expérience ou son utilité qui décida la vocation du jeune homme? je ne saurais le dire, mais ce qui est certain, c'est que le médecin du moment était le causeur de la place. Fils d'un honnête marchand de la Grève, propriétaire ou locataire d'une maison dont il tirait profit dans les occasions de l'espèce, il avait, en bon fils, pris le parti de son père contre M. Cristophe.

Néanmoins, ce n'était pas cette divergence d'opinion qui tenait ce dernier en doute sur le survenant. Le bon vigneron, ni lui, ni personne ne l'eût jamais reconnu, car de grands changemens s'étaient opérés dans son physique. Il avait laissé pousser ses moustaches, sa barbe mentonnière, et fait tailler ses cheveux en séminariste, ou, si vous l'aimez mieux, à la Perrinet-Leclerc, ce qui l'avait rendu républicain : de façon que pour prouver son dévouement à la patrie et l'indépendance d'un cœur tout romain, il ne sortait plus qu'avec un cigarre à la bouche et une casquette rouge sur la tête. On pense bien que ceci joint à son double talent d'avocat et de médecin, lui avait valu une place honorable dans la jeune France, et il avait été nommé, quoiqu'il eût déjà vingt-deux ans, vice-président de la société des francs régénérés, composée de tout ce qu'il y a de plus respectable parmi les propriétaires de l'âge de 14 à 18 ans.

On me dira : Comment cela est-il possible? Comment un jeune homme qui était, il y a quelques mois, de l'opinion de M. son père et de Mme sa mère, qui probablement n'avaient que celle de leurs pratiques, ainsi qu'il est d'usage dans le commerce, depuis Ésaü le marchand de lentilles ;comment, dis-je, ce pacifique étudiant, cet honnête fils de famille, cette chair à budget, cette pâtée ministérielle, est-il devenu tout à coup un farouche Spartiate, un tribun, un Gracche, bref, un admirateur de la montagne? Saint-Just ou Couthon, par un nouveau prodige, se sont-ils incarnés en lui? Est-ce Marat qui lui a soufflé son éloquence et sa médecine? Non, rien de tout cela n'est arrivé. C'est seulement un article de plus à ajouter au journal des modes. La plus nouvelle aujourd'hui, c'est la république, c'est là le goût du moment, le dernier genre. Un adolescent qui se respecte et qui ne veut pas passer pour une croûte, doit être terroriste; ainsi le veut le bon ton.

La mode, en France, est le véritable souverain; c'est une puissance qui influe sur tout, même sur la raison, ou plutôt elle devient la raison même, car tout ce qui s'en écarte paraît folie. C'est une jurisprudence à part et qui a dirigé l'Europe depuis trois siècles plus despotiquement que le glaive et le bon plaisir, et qui a fait et défait des trônes.

La mode empêche de voir ce qui est; elle fait voir ce qui n'est pas; elle crée, selon le temps, le beau et le laid, le sublime et le ridicule. Il n'est pas d'état, pas de position, pas de fonctions où elle ne pénètre.

Elle se glisse sous le béguin de la récluse, comme sous la toge du sénateur. Ouvrez l'histoire, vous verrez la mode diriger les armées, les conseils, les académies, la faculté, la justice même; oui, elle a fait le juste et l'injuste, l'innocent ou le coupable, le châtiment et jusqu'au forfait; les greffes en font foi.

Il était un temps où les juges ne voyaient partout que des sorciers, et on en brûlait par centaine. Après cela on n'a vu que des hérétiques, et on a brûlé des hérétiques. Puis ensuite on a vu des empoisonneurs, et on a brûlé des empoisonneurs.

La mode de brûler passée, on a écartelé, on a roué, on a pendu, puis on a guillotiné, et l'on a successivement approvisionné l'instrument, de conspirateurs, d'accapareurs, d'aristocrates, de fédéralistes, de modérés et d'enragés.

En littérature, nous avons eu l'année des sonnets, celle des poèmes, celle des charades, celle des tragédies, celle des bergeries, des odes, des chants poissards, ossianiques, patriotiques, gastronomiques; puis celle des histoires, des romans, des mémoires, des contes, et quiconque sortait de la manière du jour, non seulement n'était pas lu, mais vrai Paria, rejeté de partout comme un déterreur de cadavres, nul ne l'aurait touché ni lui ni son livre, même du bout d'une fourche.

Les maladies ont eu aussi leurs modes. Les convulsions ont commencé, puis on a voulu avoir des vapeurs, puis des palpitations, puis des anévrismes, puis être pulmonique, rachitique, cataleptique, myope.

La médecine a suivi. Vous avez vu le mesmérisme, le galvanisme, l'électricité, le somnambulisme, l'émétique, le quina, le remède Roy, la saignée, les sangsues, le liniment hongrois, la glace moscovite, le moxa japonais, se disputer successivement la faveur publique et le droit de tuer.

La mode ne quitte pas même le chevet du désespéré, l'oreille du suicide; elle lui trace la manière de se détruire avec élégance et d'une façon confortable. La ciguë a été long-temps le ragoût comme il faut, puis on a préféré la corde, comme plus simple, plus naturelle, ensuite on s'est fait ouvrir les veines, puis on s'est coupé la gorge, puis on s'est noyé, puis on s'est poignardé, enfin on s'est fait sauter la cervelle.

Les enterremens n'ont pas eu moins leur bon et leur mauvais ton; selon les circonstances et le goût du jour, on a mangé les morts, on les a rôtis, on les a empaillés, on les a salés, on les a jetés aux bêtes, au feu, à l'eau. On les a chantés, on les a pleurés, on les a gardés dans les villes, on les a poussés dehors, et tout cela selon que la mode a dit que c'était bien ou mal, convenable ou inconvenant, religieux ou sacrilége.

Et, pour en revenir à la politique, la mode était en 1789 à l'égalité, en 1790 à la liberté, en 1793 à l'anarchie, en 1802 à l'empire, en 1804 au despotisme, en 1814 à la légitimité, en 1815 à l'ultra-royauté, en 1820 au jésuitisme, en 1830 à la monarchie constitutionnelle, et en 1831 à la république.

Ces explications étaient nécessaires pour l'instruction de ceux qui se livrent à la médecine et à l'histoire, et pour comprendre, avec le changement du jeune homme, la suite du traitement de M. Cristophe. Ajoutons que l'honnête marchand, au lieu d'un docteur, se trouva bientôt en avoir deux ou à peu près, ce qui n'est pas trop contre les maladies qui règnent.

Le docteur était donc à tâter son malade, et le malade à examiner son médecin, lorsque survint la propriétaire de la maison; on la nommait la vicomtesse de R.....; c'était une respectable châtelaine, car un bon hôtel à Paris, qui rapporte 40 mille livres de rente, fût-ce même en boutiques ou en chambres garnies, est certainement un noble château. Mais il n'y avait là ni boutiquier, ni gens d'affaires; M. Cristophe était même le seul individu ignoble, le seul vilain proprement dit, qu'abritassent ces murs fidèles, l'un des ornemens du royal faubourg.

Par un miracle du siècle, la fière vicomtesse, qui avait appris de la portière l'arrivée d'un médecin, s'était attendrie jusqu'à monter au quatrième étage, où elle venait s'informer de la santé de son locataire qu'on lui avait dit agonisant.

Deux arrières-pensées ou calculs, car les calculs se glissent partout, entraient dans la politesse de la dame; l'un tenait au ciel, l'autre à la terre. D'abord elle craignait que son hôte, mourant sans confession, on ne l'en rendît responsable au grand arrêté de compte de l'éternité.

Ensuite elle craignait aussi qu'en allant faire là-haut un nouveau bail, il n'oubliât celui d'ici-bas, et partît sans payer son terme.

A ces considérations il faut joindre qu'elle n'avait point de projet pour sa soirée, et que la vue d'un homme qui s'en va est un spectacle comme un autre.

Ainsi décidée, elle entra peu d'instans après le docteur, en face duquel elle se trouva, et qu'elle salua en ancienne connaissance. Depuis long-temps le père du jeune homme avait sa pratique en épicerie, comme pensant bien. Elle appréciait le fils par une raison contraire, c'est-à-dire parce qu'il pensait mal.

Il est à remarquer qu'à Paris, les femmes monarchiques, et même ministérielles, estiment généralement les vieillards d'une bonne opinion et les jeunes gens d'une mauvaise; ce qui prouverait que les contrastes ne sont pas moins puissans en politique que dans les arts. Souvenons-nous aussi qu'à cette époque la république et la royauté avaient fait une espèce de pacte contre le juste-milieu qui n'est ni l'un ni l'autre, et qui, suivant elles, ressemblait à ces volatiles à qui l'on ôte quelque chose pour les engraisser. C'était aussi l'avis de M. Cristophe; car, disait-il quand il se portait bien, il n'existe dans l'univers que le vrai ou le faux, le juste ou l'injuste, le oui ou le non. Les mais, les *si*, les car, sont d'invention humaine et ne prouvent rien. Une chose est ou n'est pas, ainsi tout terme moyen est certainement une erreur; c'est une transaction entre notre ignorance et notre vanité.

La vicomtesse, au physique, avait quelque rapport avec cet intermédiaire. Elle n'était ni belle ni laide, ni grande ni petite, ni grasse ni maigre; c'était une de ces figures inaltérables qui, depuis vingt ans, n'ont pas plus changé que celle de Saint-Roch, qui n'ont ni grandi, ni diminué d'une ligne, ni vieilli d'une ride, et que le provincial retrouve lorsqu'il revient à Paris, à peu près comme les pilliers des halles. Et moi, homme superstitieux, je me suis laissé dire qu'il en était ainsi depuis des siècles, et que telles de ces têtes monumentales que nous voyons poudrées ou frisées, en perruque ou en toupet, en carmin ou céruse, seront ainsi jusqu'au-retour de la comète de dix mille ans.

A cette immobilité physique, il est des gens qui joignent l'identité morale; mais celle de la vicomtesse n'était qu'apparente, et sous cet air d'impassibilité, elle cachait des passions vives. Elle avait été jolie dans son temps, et quoique son âge, comme nous l'avons dit, fût difficile à déterminer, elle n'était pas mal encore.

La politique et la dévotion n'avaient pas toujours rempli son cœur, et feu M. le vicomte était un homme si exigu, moralement parlant, qu'il n'y avait jamais tenu beaucoup de place. Elle avait donc eu dans ses beaux jours quelques aventures qui avaient fait passablement de bruit. Mise à l'index des prudes du grand faubourg, long-temps elle avait été réduite à ne voir que des baronnes de l'empire, des comtesses de commerce, et autres gens de nouvelle fabrique. Mais depuis, la tendance virginale de ses opinions l'avait rapprochée de la haute aristocratie, et le regard d'un auguste personnage l'avait entièrement purifiée.

Moitié dévote moitié mondaine, affiliée au Sacré-Cœur et aux Enfans d'Apollon, elle avait été, dans une grande occasion, dame patronesse de l'opéra, et protectrice des Grecs. Au moment de la dernière révolution, elle était désignée pour une charge dans l'ancienne cour, et elle l'aurait prise probablement dans la nouvelle si on la lui avait offerte. La chose n'étant pas advenue, elle s'était fait carliste, et l'une des plus fougueuses du quartier.

Taquine quand elle se croyait la plus forte, elle avait conservé de la fréquentation des dames militaires, une certaine hardiesse d'expression qui contrastait avec sa figure. D'ailleurs ayant beaucoup vu, beaucoup entendu, elle parlait un peu de tout, et raisonnait parfois. Etait-ce bon sens, était-ce mémoire? L'un fait souvent les fonctions de l'autre. En résumé, c'était une maîtresse femme, qui avait bec et ongles.

Malgré cela ou peut-être à cause de cela, elle avait obtenu un certain ascendant sur sa société, et elle était alors un des cordons bleus de la cuisine légitimiste. Dans les intervalles que lui laissait le gouvernement ou le caquetage, elle faisait de la dévotion, de la médecine, et elle n'était pas fâchée d'essayer de temps en temps une expérience théologique ou pharmaceutique *in animâ vili.*

Ayant donc gracieusement salué le docteur, elle lui demanda des nouvelles du malade. Celui-ci répondit par un de ces gestes qui ressemblait à la figure diplomatique de la dame, c'est-à-dire qui ne voulait rien dire du tout. Ce n'était pas là le compte de la propriétaire, qui désirait des explications précises; aussi, en acceptant le fauteuil que lui présentait respectueusement la vieille portière, engagea-t-elle l'Esculape à s'asseoir; ce qu'il fit, car elle était riche, et on ne perd jamais rien à causer avec les gens riches; ensuite elle avait confié des fonds au père du jeune homme, et l'on gagne toujours quelque chose, ne fût-ce que du temps, à causer avec ceux qui nous prêtent.

« Ce pauvre homme, dit-elle en indiquant le vigneron, est sans amis, sans famille à Paris; j'ai pensé que, dans son état, il pourrait avoir besoin de conseil, et peut-être serait-il temps de le préparer à un passage.... »

Le républicain sourit, car il croyait ou feignait de croire qu'à la suite des ordonnances le bon Dieu avait donné sa démission avec Charles X, et qu'il ne pouvait plus en être question.

« Ce n'est pas, poursuivit la dame après avoir regardé si le malade dormait, que ce soit un personnage bien intéressant; on m'a même dit que son opinion était détestable, c'est ce qui m'a mis dans l'impossibilité de faire chez lui, cette année, ma provision de vin, quoique la qualité n'en fût pas mauvaise. »

Le docteur Brutus, car c'est ainsi qu'on l'appelait à la société depuis sa conversion, allait peut-être sourire encore, mais il se contint; il visait à la clientelle; il faut que Brutus vive comme un autre, et même mieux qu'un autre, quand il a son examen à payer en outre de son diplôme.

« J'aurais passé sur sa politique, continua la vicomtesse, puisque je passe bien sur la vôtre, docteur; mais ce pauvre égaré ne cesse d'attaquer la religion. Plus malheureusement encore on a imprimé ses blasphêmes. N'ai-je pas trouvé l'autre jour ma cuisinière qui les lisait à la portière! Voilà comme le peuple se démoralise. Tant qu'on ne lui défendra pas d'apprendre à lire, il n'y aura ni mœurs, ni piété, ni royalisme. L'instruction du peuple est la ruine des rois. Tout le monde était fidèle, alors qu'on pouvait aller de Paris à Bayonne sans trouver un paysan qui sût signer son nom. Oui, on devrait condamner au pain et à l'eau tout bourgeois qui écrit, et j'ai déclaré à mes fermiers que je ne renouvellerais pas leurs baux, s'ils envoyaient leurs enfans à l'école. »

— « Les enfans vous en remercieront, madame, dit le jeune docteur; car, grâce à vous, les voilà en congé perpétuel et à l'abri des férules, pensums et autres calamités qui poursuivent notre malheureuse jeunesse. Mais vous allez vous mettre en procès avec le fisc dont vous diminuez les produits, car si on ne sait pas lire, on ne lira ni affiche ni prospectus, ni avis au lecteur. Si on ne les lit plus, on n'en imprimera plus, si on n'en imprime pas, on n'en timbrera point, et voilà diminution d'un million sur le timbre.

« Et la réduction sera double sur le produit des postes; nos hommes d'état, receveurs et financiers, ne peuvent concevoir que les trois quarts des individus en France ne paient pas un sou de port de lettre dans toute leur vie, et cela parce que ne sachant pas lire, personne ne juge à propos de leur écrire. Grace à vos soins, les deux tiers de l'autre quart vont se trouver dans le même cas, et vos revenus en baisseront d'autant. »

— « Eh bien! docteur, c'est un moyen comme un autre de faire la guerre au gouvernement et d'aider à la banqueroute. » — « Ah! madame, croyez qu'il y parviendra bien sans vous et qu'il est en bon chemin pour cela. Il ne va pas si vite sur celui de l'instruction, quoique les maîtres d'école soient devenus ministres. » — « Ah! vous faites le plaisant, monsieur le républicain! c'est de bon augure, et ce n'est pas encore aujourd'hui que vous me couperez la tête. Mais, tranquillisez-vous, je n'aurai pas de querelle avec votre fisc, et, quant à l'enseignement, nous arrangerons cela quand vous m'aurez rendu mes bons jésuites. »

— « Vos bons jésuites, madame! vous êtes exaucée; et, pour trouver les révérends pères, il s'agit seulement de se baisser. Ignorez-vous que la majorité des deux Chambres, que tous nos maréchaux, tous nos ministres, tous nos conseillers d'état sont de la congrégation, que Louis-Philippe lui-même n'est qu'un agent du pape? Je sais de bonne part qu'on l'a vu aller à la messe, et qu'il salue jusqu'à terre tous les curés qu'il rencontre. »

— « Allez-vous aussi nous faire de l'irréligion? Soyez républicain, mais ne soyez pas impie. » — « Loin de là, madame; je dis seulement qu'on pourrait donner un autre exemple à un peuple libre, et renoncer à la politique églisière: assez long-temps les vieilles femmes... » Il s'arrêta, mais pas assez tôt, et la dame, piquée, oublia tout-à-fait le malade et même le motif de sa visite. C'est ainsi que, d'une simple rencontre de hasard résulta une grande discussion. De ce moment et tout du long de ce chapitre, éditeur et interlocuteurs ne pensèrent pas plus au vigneron que s'il eût été à dix pieds sous terre. Ceux donc qui s'intéressent personnellement à lui, et qui n'aiment ni les digressions ultras ni celles républicaines, feront bien de sauter une cinquantaine de pages qui contiennent au moins trois fois autant de sottises, quoique nous prenions sur nous d'en retrancher quelques unes.

Nous en étions au docteur, qui prétendait que les fêtes et dimanches étaient de trop dans un pays industriel, et que le peuple y dépensait fort mal le temps. « Mais, mon cher monsieur, répondait la vicomtesse, l'emploie-t-il mieux à brosser son habit de grenadier, à blanchir ses buffleteries, à garder la porte des Tuileries, et courir la baïonnette en avant après mon pauvre épagneul? Est-ce là où il apprend son métier, où il développe son industrie, où il étend son commerce? Car ce sont là vos grands mots, l'industrie, le commerce! c'est là où vous voyez toutes les prospérités, toutes les améliorations, tout le bien-être public et particulier; comme si une aune de drap en était meilleure pour avoir été fripée par dix mains, et comme si dix mains avaient été bien utilement employées en s'arrachant une aune de drap. Mais admettons que cela soit; sous l'ancienne monarchie, parce qu'on assistait aux offices, allait-on sans pourpoint? vos marchands faisaient-ils plus souvent faillite? étaient-ils sujets à plus d'avanies? Et ce peuple, parce qu'il était religieux, parce qu'on l'appelait tiers-état, était-il plus malheureux que vos philosophes d'ateliers, que vos bêtes de somme de bureaux, que vos nègres à broderies, que vos ilotes à épaulettes? »

— « Bêtes, nègres, ilotes tant que vous voudrez, madame, mais du moins le sont-ils de la loi, du gouvernement bon ou mauvais; et un seigneur insolent ne peut plus dire : Mes serfs, mes vassaux! » — « Beau profit, vraiment! et quelle différence trouvez-vous entre un vassal et un conscrit, un serf et un valet? On a changé les noms pour faire empirer les choses, et votre peuple, vrai Cassandre, s'est laissé prendre à des sornettes. Un seigneur disait : Mes paysans, et les accueillait; un maire dit : Mes administrés, et les jette à la porte. Le maire est un citoyen, le seigneur était un tyran, et cela par la différence d'une particule.

« Mais ces paysans, ces serfs, ces vassaux unis au seigneur par leurs besoins communs, faisaient sa force et sa richesse; ils comptaient sur lui au jour du danger, et lui, dans tous les temps, avait intérêt à ce qu'ils vécussent, puisqu'il tirait profit de leur vie; aujourd'hui il en a à ce qu'ils meurent, parce qu'ils l'importunent de leurs haillons et le ruinent de leur misère, et qu'ils exigent tout de lui, sans vouloir rien faire pour lui. Dans notre siècle philantrope, la naissance d'un veau enrichit, celle d'un homme appauvrit, et il meurt dix fois plus d'individus de faim ou de froid qu'il n'en mourrait du despotisme. »

Ici le jeune docteur avait beau jeu, et il pouvait riposter à la dame quelques bons argumens; mais il avait des motifs de la ménager, comme on l'a vu, et il commençait peut-être à sentir qu'il avait eu tort d'entamer la discussion; aussi à l'insinuation en faveur de l'ancienne méthode, il se contenta de répondre : « Ce despotisme, madame, je vous crois trop éclairée pour en faire l'éloge. » — « Pourquoi pas, monsieur, en vivait-on plus mal ? Avez-vous, depuis quarante ans, moins de courtisans et de flatteurs ? et vos pairs manufacturiers, vos ministres apothicaires, vos épiciers colonels sont-ils plus modestes que ne l'étaient nos ducs et nos marquis ? »

— « Ici, madame, je suis de votre avis; à bas ces bourgeois orgueilleux ! à bas ces vaines distinctions ! plus de croix, plus de livrées ! » — « Doucement, je tiens à ma croix de chanoinesse. Quant à vos bourgeois, faites-en ce que vous voudrez, car rien n'ira que chacun ne soit remis à sa place. On a beau dire, un cheval de brasseur ne ressemble pas à un cheval de course. »

Le jeune homme ne put s'empêcher de faire encore une petite moue de pitié. Quoiqu'il l'eût fait presque imperceptiblement, la dame s'en aperçut. Elle était à l'âge où la femme surprend le moindre signe de dédain, parce que partout elle le craint. Aussi releva-t-elle fièrement la tête, et, animée par le dépit, elle commença à se dessiner franchement.

« Moi, docteur, je suis légitimiste, carliste, congréganiste, ultramontaine, tout le monde le sait. Ramener les choses où elles étaient avant 1788, et où elles sont encore à Turin, à Vienne, à Moscow et dans toutes ces charmantes petites principautés d'Allemagne, vrais modèles du bon gouvernement, tel est le but de mes désirs et de mes efforts. Si je consens à supporter votre république, c'est comme un marche-pied, comme une transition vers la légitimité. Mais toute passagère qu'elle doit être, faites en sorte qu'elle soit un peu propre. Par exemple, choisissez-moi une vingtaine de respectables maisons de notre faubourg, et laissez-les vous gouverner paternellement, consciencieusement, à la mode du bon vieux temps, comme faisaient à Florence les Médicis, à Gênes les Doria, à Venise les Dandolo, qui étaient bien des industriels comme vous. Supprimez-moi cette vilenie de Charte ; renvoyez-moi dans leur village ces méchans boutiquiers de députés ; laissez-là ces budgets, ces comptes-rendus, ces états de frais et dépenses ; dans quelle république avez-vous vu qu'il y en ait? sauf peut-être chez ces fripons d'américains, qui ne sortent la main de la poche de leur voisin que pour la mettre sur une feuille de papier. Toutes ces formalités élaguées, vous aurez une vraie et bonne république; cela ira tant que ça pourra, et la légitimité triomphante viendra reprendre possession de la France, qui est, ainsi que tout ce qui la couvre, son bien et son patrimoine... »

Ici le vigneron poussa un soupir qui fut entendu de la seule portière, car la vicomtesse ne songeait guère à lui, et pas davantage le médecin qui cherchait sa réponse ou faisait semblant; ne l'ayant pas trouvée ou voulant continuer beau jeu à la dame, il s'écria : « Et le peuple, le peuple !!!... »

— « Le peuple mangera, boira, dormira, on pourra même lui donner voix partout et établir le vote universel, sauf à le faire pendre s'il vote autrement que son seigneur. » — « Mais, madame, ce ne sont pas des hommes que vous voulez, ce sont des machines. » — « Précisément, docteur, parce qu'une machine bien ajustée fait l'ouvrage de cent hommes. Vous le savez si bien, que la première clause d'admission dans vos clubs, est de se laisser mener par le nez, et d'obéir aussi aveuglément qu'une odalisque à son sultan. »

Le vice-président répondit encore si mollement que la vicomtesse vit bien qu'il la ménageait. Elle en fut aussi peu flattée que le chef de division qui, jouant avec son sous-chef au billard, pour l'honneur, s'aperçoit que celui-ci fait exprès des fausses-queues. Elle avait été piquée, elle fut humiliée, et, voulant le pousser à bout, elle affecta, dans un petit massacre des factions du jour, d'oublier celle dont il était.

Il fut intrigué à son tour. « Et les républicains, qu'en ferez-vous, madame? » — « Mais il n'y a pas de républicains, mon cher monsieur; personne ne travaille pour descendre, ni même pour rester où il est. Je n'ai connu que nos pieux récollets qui fissent vœu d'humilité, encore tous voulaient être prieurs et pas un portier. La république est une boutique où chacun prétend vendre pour son compte, une loterie où l'on veut gagner sans avoir rien mis; ou, si vous l'aimez mieux, c'est un surnumérariat : un républicain est un aspirant rentier, aspirant capitaliste, aspirant marquis, c'est-à-dire aspirant noble et riche, et, par conséquent, très réel absolutiste. D'un républicain à un despote la différence est que l'un est éclos et que l'autre veut éclore; Brutus était César au berceau. Vous savez comme moi qu'il n'est pas un seul usurpateur, un seul tyran parvenu, qui n'ait commencé par prêcher la liberté, sans en excepter votre empereur et roi. Comme il s'indignait à l'école militaire sur l'inégalité des rangs, et comme il s'irritait plus tard quand un indiscret lui répétait qu'ils avaient été camarades !

« Non, il n'y a ici-bas de vrai républicain que le lazzaroni, c'est-à-dire le gueux véritablement gueux ; encore est-il douteux qu'il le soit dans son ménage, et qu'il convienne que son fils et sa femme aient les mêmes droits que lui au macaroni du jour. Mais, cela fût-il, s'il monte d'un cran, s'il parvient au second degré de l'échelle sociale, c'est-à-dire s'il se croit le moins pauvre parmi les pauvres, il ne sera plus républicain ; car nul, ici-bas, n'offre de partager avec les autres que lorsqu'il n'a rien à mettre à la masse, ou qu'il pense que les autres y mettront plus que lui : là est tout le civisme, tout le républicanisme. Interrogez votre digne parti, demandez à MM. tels et tels pourquoi, en criant ordre public, ils frappent à coups redoublés sur la cloche? ils vous diront qu'en la brisant ils espèrent en avoir un morceau. La patrie n'est rien, la fortune est tout; on agite l'arbre de la liberté pour en faire tomber le nid, sans s'embarrasser si les œufs se casseront : on aura au moins les écailles. »

Le républicain réclama vivement contre cette opinion ; la vicomtesse continua : « Argent et places, c'est là le fond de toute politique constitutionnelle, ministérielle, républicaine; tout est spéculation, agiotage; la France est à vendre au plus offrant ou au plus solvable; il s'agit seulement de savoir si les napoléons de Louis-Philippe valent mieux que les bons à prendre de la république. Voilà l'esprit du jour. La manie mercantile, la rage marchande ont tout envahi; tout est licite où il y a profit, et Judas ne serait aujourd'hui qu'un honnête industriel. Oui, mon cher monsieur, on lui donnerait patente pour vendre Notre Seigneur, et la croix de la Légion s'il le vendait bien. Rien ne déshonore plus, puisque l'argent est l'honneur, et l'honneur mène à tout. Courage donc, mes bons argentiers, mes parfaits négocians; brocantez, friponnez, et vous serez pairs de France. »

Le docteur Brutus, à cette ultra-impertinence, se tint à quatre, et s'il n'avait pas eu tant d'intérêt à ménager la dame, il l'aurait probablement envoyée promener; mais les affaires avant tout; l'on n'écoute pas toujours pour son plaisir, au salon pas plus qu'à la Chambre ou au théâtre. Il se tut quelques instans pour se remettre, et puis répondit doucement: « Cet esprit marchand n'est pas encore celui de la France entière; sans doute il est des hommes de l'école du bonhomme ici gisant, dont la politique mesure tout au boisseau et calcule la prospérité publique et la force nationale sur le cours de la denrée qu'ils ont à vendre; mais ce n'est pas là l'esprit de la masse, et surtout de la jeune France. »

— « En ceci, ce bonhomme a moins tort que vous, docteur, et s'il apprécie la valeur des choses, c'est qu'il veut les acquérir en payant, lorsque vous prétendez les avoir sans payer. Dès que vous les aurez vous reviendrez à son avis, et la patrie ne sera plus pour vous où l'on prend, mais bien là où l'on conserve. Notez qu'où existe le droit de prendre on ne peut avoir celui de garder; et que, nulle part, l'opinion de prendre et de garder ne pourront s'accorder. C'est aussi pour cela que partout la politique varie avec l'état de la propriété. La conviction tient à la rondeur de la bourse plus qu'à la complexion de l'individu; avec l'état de meubles et immeubles de chacun, on peut en tous pays calculer les nuances des opinions; car partout le fond est le même, partout les révolutions, quels que soient les noms dont on les décore, ne se font que par ceux qui veulent avoir ce qu'ont les autres; jamais une fraction de nation ne s'est insurgée pour donner à une autre fraction, et jamais celle à qui on a pris n'a trouvé l'insurrection juste, ni la révolution légitime. De là, ainsi que je viens de vous le dire, l'impossibilité de mettre d'accord ceux qui ont et ceux qui veulent avoir; c'est toujours là où s'embarrassent les systèmes de vos radicaux, de vos idéologues de réforme. Ils ne peuvent trouver la liberté sans l'égalité, et d'égalité sans le partage de la propriété ; et comme ce partage n'est jamais volontaire entre ceux qui possèdent et ceux qui ne possèdent pas, et même ceux qui ont beaucoup et ceux qui ont peu, c'est sur la force et la tyrannie qu'ils établissent le droit, et ce qu'ils appellent la liberté et l'égalité se trouve être précisément le contraire. »

— « Mais, madame, il y a eu cependant des républiques où la pauvreté a été en honneur, où les citoyens, conséquens avec leurs principes, ont préféré, dans leur modeste ambition, le timon d'une charrue à celui des affaires. »

— « Dites-moi combien de temps cela a duré, et si l'on a vu beaucoup de ces gens-là à Paris ? Et pour en venir aux expériences, choisissez les cent républicains les plus chauds de votre quartier, donnez-leur aujourd'hui à chacun un régiment, une préfecture, ou seulement une bonne somme, et demain ils seront absolutistes.

« Et vous, docteur, qu'on vous nomme premier médecin du roi, et vous crierez : A bas les anarchistes! et chargerez à double cartouche votre fusil municipal, pour tirer sur vos anciens collègues. Nous savons si bien cela, nous autres ultras que vous traitez de ganaches, que nous n'avons pas hésité à vous associer à notre œuvre légitimiste, bien convaincus qu'arrivés à la propriété, vous seriez tout aussi monarchiques que nous, et disposés à entrer même à la congrégation, si cela pouvait vous servir d'hypothèque et de sauve-garde contre la griffe populaire. »

— « Cependant, madame, il est une vérité incontestable, basée sur l'équité et la nature, c'est que cette partie de la nation, cette majorité que vous annulez, que vous voulez museler, est celle qui vous nourrit, qui vous défend. » — « Sottise, monsieur; elle me nourrit et me défend quand je la paie pour cela, et si je cesse de payer, elle ne fait plus ni l'un ni l'autre; ce n'est donc qu'à mon argent que j'en ai l'obligation. » — « Soit; mais si vous ne lui devez rien, elle ne vous doit pas davantage; car celui qui acquitte sa dette au pays de ses sueurs et de son sang, ne donne pas moins que celui qui la paie de son or. Cela admis, il a droit comme vous à la vie, à la liberté, à la terre, à l'eau, au sol de la patrie; et, s'il n'y a rien, si dix ont la portion de mille, c'est par spoliation, c'est par l'astuce ou la violence. Rendez, comme l'a dit un homme de bien et un grand poète, rendez à César ce qui est à César, et au peuple ce qui est au peuple. »

— « Si je comprends, docteur, cela veut dire que chacun doit garder ce qu'il a. » — « Sans doute, si c'est à lui ; mais ce qu'il a de trop appartient de droit à celui qui n'a pas. »

— « Ah ! ah ! remarquez que c'est l'article fondamental du catéchisme des voleurs ; mais ce voleur, en s'embusquant au coin d'un bois pour dévaliser le passant, n'a pas la prétention de présenter son action en droit. » — « Madame, vous avez mal saisi... » — « Je crois plutôt que c'est vous. Ah ! que la distinction du tien et du mien est une belle science, et que vous feriez bien d'en établir une chaire à Paris ! Car, je vous le répète, avant d'entrer dans votre république, je veux être assurée que la liberté ne s'y étendra pas jusqu'à mettre la main dans les poches, et qu'on pourra y conserver le nécessaire et même le superflu. »

— « Une plaisanterie, quelque bonne qu'elle soit, n'est pas une raison, madame, et je vous demanderai encore pourquoi un homme aurait ce qui peut servir à en faire vivre dix ? »

— « Je vous répondrai : Qu'importe qu'un possède si dix mangent? Ne vous a-t-on pas dit, et je crois que c'est ce vigneron, qu'un homme, quelque riche qu'il soit, ne consomme que la nourriture d'un homme ; si tout ce qu'il a de plus est mangé par les autres, il en résulte que le droit de propriété n'est réellement qu'un mot, qu'un titre ; mais titre utile pour maintenir l'ordre, et indispensable pour assurer la conservation du fonds. Pensez-vous que les familles se soutiennent davantage depuis l'égalité des partages ? »

— « Cependant, le morcellement de l'héritage est un des bienfaits de la révolution, et l'abolition du droit d'aînesse a fait cesser une iniquité et un grand mal. »

— « Erreur, mon cher monsieur ; qu'arrive-t-il de cette division de parts? c'est qu'au bout de trois ou quatre générations, il n'y a plus rien à partager. Or, la famille cesse où il n'y a plus de propriété ; et où il n'y a plus de famille il n'y aura bientôt plus de nation ; parce qu'un peuple ne se compose pas seulement d'individus, mais de parens ; parce que sans les liens sociaux il n'y a plus d'ensemble, plus d'avenir. Et ces liens quels sont-ils? le souvenir des aïeux et le champ paternel.

« Et la morale y perd comme la politique : l'homme

qui pense que ses enfans seront des mendians, ne se soucie pas de leur voir traîner son nom, et il ne se marie plus; aussi la corruption des mœurs fait-elle des progrès effrayans. Le nombre des célibataires augmente chaque jour, et avec eux celui des enfans abandonnés. Autrefois, dans une maison, il y en avait toujours au moins un qui se mariait; c'était ou l'aîné ou celui auquel le père conférait le droit d'hériter des terres. Il lui succédait dans ses titres et honneurs; il devenait le chef de la famille, la tige autour de laquelle se réunissaient tous les rejetons; il les substantait, il les protégeait, il les couvrait de sa considération; et tel de ses frères qui, avec la faible portion du partage égal serait resté au dernier rang, aidé de son crédit, arrivait au premier; c'était lui qui les faisait officiers, conseillers.... »

— « Il les faisait moines. » — « Eh bien! le grand mal? ils priaient pour lui et pour nous. »

— « Et ces victimes nées, ces jeunes filles que l'on contraignait à prendre le voile et à languir toute leur vie dans un couvent? »

— « Vaut-il mieux souffrir toute sa vie dans le monde? Et croyez-vous qu'un mari soit toujours un bienfait de la Providence? Combien de fois, quand M. le vicomte vivait, n'ai-je pas regretté le repos du cloître.... » La dame s'arrêta, et pour cause, car on disait que le pauvre homme.... *requiescat in pace*... Elle soupira et continua : « De la noblesse au peuple la question est absolument la même : la noblesse faisait vivre le peuple, comme l'aîné ses cadets ; ce que l'un ne mangeait pas nourrissait l'autre, et vous aviez tôt ou tard, par la force des choses, ce que nous avions de plus que vous. » — « Mais, madame, les places, les dignités, les honneurs ? » — « Eh bien, même réponse ; un homme ne peut être en même temps colonel et major, ministre et secrétaire général ; il ne peut porter à la fois deux habits brodés et deux cordons bleus, deux crosses et deux mitres, parce qu'il n'a ni deux corps ni deux têtes. Quand nous étions placés, vous l'étiez à votre tour, et ne valait-il pas autant tenir votre emploi de la faveur d'un duc, que du vote d'un savetier ?

« Mais, fortune ou dignité, non seulement vous aviez notre superflu, mais souvent aussi notre nécessaire. Vous nous avez reproché notre luxe, notre prodigalité, nos folies. Il est vrai que nous étions passablement immoraux sous la régence, même sous Louis XV, et encore un peu sous Louis XVI ; est-ce à vous de vous en plaindre ? Quand nos grands seigneurs se ruinaient, au profit de qui, s'il vous plaît? était-ce à celui de leur caste ou de leur famille? Non; leur héritier direct et ordinaire c'était leur maîtresse, leur procureur, leur intendant, leur cuisinier, leur tapissier, c'est-à-dire vous, toujours vous.

« Si le prince nous ouvrait sa cassette, c'était encore pour vous; ce que nous recevions d'une main, nous vous le jetions de l'autre; et puis quand vous aviez notre fortune, vous achetiez nos titres et quelquefois nos noms; ou, sans rien acheter, vous deveniez financiers, puis fermiers-généraux, et nos hauts barons, nos cousins du trône, à genoux devant votre coffre-fort, demandaient la protection du roi pour épouser vos filles.

« Quant à l'agrément, quel était celui d'une bourgeoise qu'un seigneur honorait de ses bontés? comme elle en était fière! Et son heureux époux ne partageait-il pas son orgueil et sa joie? Aujourd'hui la femme d'un épicier en gros a le pas sur un pair en détail, et tel garde-notes tient trois fois plus de place dans un salon de ministre, que n'en tenait à l'œil-de-bœuf le maréchal de Villeroy.

« Qu'avez-vous gagné à tout cela? Les cadets se sont trouvés les aînés, les aînés sont devenus les cadets; il y a eu moins de grands, moins de petits et beaucoup de médiocres. La vie, la société, tout a été terne, pâle, sans ressort, sans démarcation ; il n'y a plus eu d'incident; au lieu d'un beau parc où bondissaient de nobles animaux, vous avez eu une plaine sans limites et sans ombre, où ne trottent que des souris. Et vous trouvez qu'elle n'est pas encore assez nivelée. Vous avez vu une belette, vous l'avez prise pour un lion ; vous avez crié à la tyrannie, à la contre-révolution! Et puis vous avez fait de petits clubs, de petits cercles, de petites conspirations, de petites émeutes ; vous avez tiré vos petits couteaux, vous avez laissé pousser vos petites moustaches ; et, en résultat, vous avez fait, vous faites et ferez petite figure, parce que vous n'êtes ni ultras ni républicains ; parce que vous n'avez ni passion, ni même d'ambition. Vous faites de la révolution comme on fait du vaudeville, pour gagner de la rente ; la somme en poche, vous ne voulez plus de révolution, parce que vous avez peur de perdre l'argent gagné. En 1791, il y avait plus que du calcul, il y avait de la conviction, il y avait de l'élan. Moi, pauvre radoteuse de faubourg, je conçois des hommes comme Bailly, Mirabeau, Barnave ; mais je ne vous conçois pas, mes petits messieurs. »

Ici les rôles étaient changés, et c'était la dame qui faisait de la république ; aussi l'honnête Brutus lui répondit par une manière de calembourg qui la fit rire. Son humeur ainsi adoucie, elle continua sur un ton qui tenait presque du plaisant, et, au grand soulagement du pauvre malade, elle cria moitié moins fort. « Oui, docteur, disait-elle, les gens de la première, s'ils faisaient des sottises, elles étaient grandes et riches ; bien ou mal, ils faisaient quelque chose ; mais vous et vos jeunes amis, qu'avez-vous fait depuis trois ans? vous avez débité du pathos dans vos tribunes, vous avez fait battre les polissons dans les rues en leur jetant des gros sous ; vous avez causé quelque rhume, brisé quelques vitres. Ah! ce n'est point là de l'ouvrage ; nous voulons du mouvement, du vrai mouvement ; et c'est pour en avoir que nous vous avons payés. Car vous avez beau nous en faire accroire et nous dire que le gouvernement est à l'agonie, que personne n'en veut plus, qu'il n'a pas trois jours à vivre : depuis trois ans vous nous répétez la même chose. Ce que je vois, c'est qu'il y a bien du monde à Paris, que les boutiques restent ouvertes, qu'on vend, qu'on achète, qu'on boit, qu'on mange, qu'on danse même, que les ouvriers ne courent plus les rues ; on croirait en vérité qu'ils sont satisfaits et qu'il ne s'agit plus que de marcher. Est-ce à cela que vous employez notre argent? et n'y mettrez vous pas ordre? Laisserez-vous donc consolider ce gouvernement inepte? Songez que la boue en séchant devient aussi dure que la pierre, et que, si vous tardez, vous pourriez bien vous y casser le nez. Que font donc vos étudians? n'ont-ils de barbes, vraies ou fausses, que pour faire peur aux petits enfans? Or, puisque vous avez l'argent il faut faire la besogne, et j'entends que vous nous donniez une émeute aussitôt que je serai à la campagne. »

Le docteur prit ici le bon parti; il se mit à répondre à la dame sur le même ton, c'est-à-dire en persifflant : « Vous voulez une émeute, madame, mais vous avez marchandé sur le prix. Qu'est-ce qu'on peut avoir pour deux mille malheureux écus au taux où est le mélodrame? et puis vous ne pouvez ignorer que la réserve des carrefours se fait payer double depuis que les mouchards ont des sabres. » — « Mais vos élus, docteur, ne risquent rien, puisqu'ils sont inviolables; ne pouvez-vous pas les faire un peu travailler, ou ne le veulent-ils pas? Pourquoi aussi avez-vous été choisir des poltrons qu'on ne voit jamais qu'après l'affaire, et que l'écharpe d'un commissaire fait tomber en syncope? Bref, je vous le demande encore, qu'ont-ils fait? qu'avez-vous fait pour cette liberté? Il me faut des résultats. » — « Des résultats! ils existent, madame. » — « Où sont-ils, docteur? montrez-les-moi. »

— « Madame, avez-vous perdu de vue cette conspiration de quinze ans? avez-vous oublié quel en fut le dénouement, et les glorieuses journées? » — « Ah! docteur, voudriez-vous me persuader qu'elles sont votre œuvre; la veille même vous ne vous en doutiez pas. Tenez, vous avez eu tort de me mettre sur ce chapitre, car je vais vous dire des duretés : je hais par dessus tout les gens qui parlent sans cesse de sang répandu, et qui n'ont versé que de l'encre. » — « Mais les pavés de juillet? » — « Ah! vous nous les jetez sans cesse à la tête, et pas un de vous ne les a touchés même de la semelle de ses bottes. » — « Madame nierez-vous les massacres de juin, où tant de héros sont tombés pour la patrie sous les poignards ministériels? »

— « Que nous dites-vous donc là? vos héros de juin valent en tout point la canaille de juillet. L'abus des mots est une des merveilles de l'époque, et chaque parti sait dorer et encadrer à son usage les circonstances les plus plates. Juin n'est que la queue de juillet; et qui en a amené les événemens dont les ordonnances n'ont été que le prétexte? sont-ce vos épingles noires, vos carbonari, vos comités directeurs et toutes vos conspiriallceries? Non, à la suite d'une fermentation de quinze ans, sans plan, sans chef, sans but, l'écume de quelques cent mille quintaux d'hommes a surgi, et tout ce qu'il y avait de gâté, de corrompu, de putride dans le corps social s'est trouvé à la surface. »

Ici, le docteur l'interrompant : « Madame, en ma qualité de médecin, je voudrais savoir ce qu'était cette partie putride, et si la maladie était dans votre glorieux faubourg? »

— « La partie putride, docteur, c'étaient les avocats sans cause, les médecins sans malade, les écrivains sans talent, les négocians sans marchandise, les capitalistes sans capitaux, les écoliers sans maîtres, bref ceux qui ne sont ni peuple, ni citoyen, ni industriel, ni propriétaire, qui ne sont d'aucune classe parce qu'ils sont repoussés de toutes, enfin le rebut du pays. »

— « Ah! je comprends, madame, les ultras n'en sont pas. »

— « Non, docteur, mais écoutez la fin : au lieu de profiter de l'occasion pour extraire ce mauvais sang, on l'a laissé... — « Oui, répéta l'Hippocrate, on l'a laissé se former en excroissances, en verrues qui ont implanté leurs racines dans les chairs de la nation. » — « C'est pis, docteur, on l'a laissé croître en doctrinaires, en ministres, en préfets, etc., qui ont sucé, sucent et suceront. » — « Ceux-là, je vous les abandonne encore, dit le républicain. »

— « Or, continua la dame, lorsque quelqu'un obtient ce qu'il ne mérite pas, il est jalousé par tous ceux qui ne le méritent pas davantage. Par conséquent, tout ce qui n'était rien et bon à rien prétendit être quelque chose et devenir aussi ministre, préfet, etc. Mais comme il n'y avait pas de ministère pour tout le monde, pas même de préfecture, les désappointés se firent gens du mouvement, et au lieu de se nommer une bande, ils se qualifièrent de parti. Les uns prirent leur mouchoir pour pleurer des victimes qui se portaient bien, les autres armèrent leurs pistolets pour tirer à côté; enfin ils se cotisèrent pour avoir une presse et des députés, ils eurent même l'industrie de nous soutirer quelques bons louis d'or légitimes. Quand ils se crurent en force et en fonds, ils se mirent dans les greniers et dans les caves et ajustèrent les passans par le soupirail; les passans se fâchèrent et les rossèrent, ce qui était fort juste. Alors les battus crièrent à l'atrocité et dirent qu'ils étaient les victimes de juin; l'autorité s'en effaroucha, les héros de juillet avaient eu la croix, ceux de juin eurent la marque. L'une vaut l'autre, aussi le public équitable n'y trouva rien à dire. »

Le pauvre vice-président fut un moment comme noyé sous cette pluie d'injures, et peut-être y serait-il resté sans un regard de la portière, que la bonne femme accompagna du sifflement qu'on envoie à un roquet qui hésite : « Madame, s'écria-t-il enfin, notre parti a été vaincu, et on l'a condamné ; mais de nobles cœurs battent encore, la jeune France croît, et la tyrannie tremble. »

— « Mais, mon cher monsieur, répliqua la vicomtesse, qui devenait plus intrépide à mesure que l'autre l'était moins, je vois qu'elle ne tremble pas du tout, la tyrannie; si vos nobles cœurs battent, c'est incognito, et le feu de votre jeune France décrépite avant l'âge, s'évapore en fumée de tabac. Oui, ce qu'on appelle aujourd'hui, un libéral, un patriote, un homme libre, c'est une espèce de mannequin, d'automate à qui il est expressément défendu de penser, et qui agit sous l'impulsion du premier fou qui crie. Pauvres innocens, dupes de quelques mauvais lazzis que vous prenez pour des droits ou des devoirs, vous vous feriez clouer sur le banc de la chiourme, si l'on vous disait que c'est l'autel de la patrie! et c'est à cette liberté que vous voulez nous contraindre?

oui, contraindre, vous l'avez écrit, vous l'avez imprimé. Contraindre quelqu'un à être libre, c'est pincer son enfant pour le faire rire.

Hier, je lisais le nouveau tarif du 7 septembre 1832, de la république de Guatimala, et le premier article dont on encourageait l'entrée, est celui-ci : *Broche de métal pour cravates et esclavines, la douzaine*, 3 *piastres*. Or, ledit meuble si utile à la république, sert à attacher les hommes par le cou à mesure qu'on en fait des citoyens libres. Eh bien! il en est de même chez vous, c'est du moins tout ce qu'on entrevoit à travers votre système nébuleux, votre jargon métaphysique. Croyez bien que personne ne s'y fie; quant à moi, je ne veux pas d'une liberté que vous comprenez tout seul. »

— « Mais, madame, si vous ne la comprenez pas, c'est que vous ne voulez pas la comprendre, car rien n'est plus clair. »

— « Alors, puisqu'il en est ainsi, dites-moi une bonne fois ce que c'est, mais dites-le catégoriquement, en deux mots, sans verbiage, sinon je croirai que vous ne le comprenez pas vous-même. »

Ici, le jeune homme voulut faire l'exposition de son système, mais interrompu à chaque instant, cela n'était pas facile. « Le premier homme, disait-il, est né libre, et le second est né l'égal du premier. » — « Point, dit la vicomtesse, il n'est pas l'égal du premier, puisqu'il est le second; il n'y a d'égal que ce qui est semblable; mais enfin j'admets que le premier soit libre. »

— « La liberté, continua le docteur, a donc paru avec l'homme, elle est en lui, elle tient à son être et il en a la conscience, puisqu'il n'est pas un seul enfant, quelque faible, quelque chétif qu'il soit, qui obéisse naturellement, c'est-à-dire qui, sans contrainte, fasse plier sa volonté sous celle d'un autre et qui ne se révolte contre l'oppression. L'ascendant qu'un être prend sur un être est toujours contre la nature, c'est toujours une usurpation, un abus de la force. »

— « Il n'y a ni abus ni usurpation, mon cher monsieur, il n'y a que du bon sens. Quand vous étiez petit, et que vous vouliez sauter dans le puits pour y aller chercher la lune, il fallait donc vous laisser faire? Mais, poursuivez, nous en étions à votre premier homme: il est libre puisqu'il est seul, il est puissant, il est riche, toute la terre est à lui. Maintenant montrez-moi comment il conservera intactes, liberté, puissance et richesse, quand il aura un frère, un fils, un voisin? Ce que je crois, moi, c'est que s'il ne s'empresse pas de lui tordre le cou, avant que les dents ne lui poussent, il perdra au premier jour la moitié de sa liberté, de sa puissance et de sa richesse, avec la chance de perdre le tout si l'autre devient plus fort que lui. »

— « Non, madame, le deuxième homme peut naître sans que le premier soit en rien moins riche, moins libre et moins puissant. » Et le docteur démontra sa proposition par un beau calcul géométrique qui partageait la terre en deux parties égales.

La vicomtesse fit semblant de comprendre et répondit : « Si je devine, vos deux hommes vivront isolés, sans rapport entre eux. » — « Et pourquoi, madame? » — « Pourquoi, monsieur? aucune association n'est possible, sans un échange de procédés, d'égards, de services et de sacrifices mutuels; l'un en exigera nécessairement plus que l'autre; ainsi du plus ou du moins, la volonté de l'un sera dépassée, et l'égalité cessera. »

Le jeune professeur s'en tira par une démonstration algébrique, et puis du second individu il passa au troisième, puis au quatrième, au cinquième, au sixième; mais il arrivait toujours que la question se compliquait à mesure qu'il se trouvait un homme de plus, de façon que lorsqu'on en fut à la douzaine, il devint absolument impossible de les faire marcher de front, et notre Lycurgue, embourbé jusqu'à la tête, fut obligé de se jeter de côté, encore ne put-il se sauver qu'à l'aide d'un amendement.

La dame ne s'y laissa pas prendre : « Docteur, docteur, ce n'est pas cela, vous battez en retraite devant votre treizième, qui, pourvu d'un pied plus fort que ses douze prédécesseurs, s'apprête à leur marcher sur le ventre ; oui, il y songe sérieusement, et croyez bien que cette idée est autant innée que l'autre. Précisément parce que l'homme est né libre, il veut avoir la liberté d'écraser son voisin; il résulte de là, mon cher républicain, que dès qu'il y a seulement deux êtres quelque part, l'un est esclave et l'autre est tyran, et, sans prétendre que la majorité ait été précisément créée pour l'usage de quel ques uns, je dirai que c'est pourtant ce qui arrive, et que les 999 millièmes des hommes sont de fait, et quel que soit le gouvernement, les valets de l'autre millième. Mais achevez de poser vos chiffres ; nous n'en étions encore qu'au n° 12, et déjà vos individus n'étaient plus ni libres ni égaux ; peut-être retrouverons-nous plus loin, en continuant notre marche, cette liberté, cette égalité que nous cherchons ; mais comme il serait trop long de compter un à un jusqu'à 750 millions d'individus qui font à peu près la population du globe, supposons que nous sommes au total, additionnons, et, somme posée, faisons manger tous ces gens-là sans querelle au même plat et à la même soupe; mais songez que je veux une nappe propre, c'est-à-dire, où je ne voie ni mouche, ni gendarme, ni commissaire, enfin aucune tache, ni méchante bête, et pour cela, il faut que le service se fasse tout seul, et par la grâce de la liberté et de l'égalité. »

— « Je n'ai jamais dit, madame, que l'ordre puisse exister quelque part sans une force ou un pouvoir quelconque; mais il faut, ainsi que je vous l'ai expliqué, que ce pouvoir soit celui de la masse, c'est-à-dire l'expression de sa volonté. »

— « Rien de si variable que cette volonté, docteur; celle d'aujourd'hui est rarement celle de demain, ou plutôt le vouloir populaire est toujours de renverser ce qui est, et sa constance n'est que dans le changement. Or, changerez-vous de loi, de magistrat, de souverain tous les jours?

« Et puis, comment pourrez-vous connaître la volonté du grand nombre, surtout quand le grand nombre ne sait pas ce qu'il veut! Allez questionner, sur la nature du gouvernement qu'il préfère, le premier paysan qui passera, le premier ouvrier, bref, telle fraction qu'il vous plaira de ce que vous appelez le souverain, il vous rira au nez et vous demandera pour boire. Les hommes sont de grands enfans ; avec un chiffon à trois couleurs, vous feriez une révolution, et sur trente-trois millions d'êtres humains, il y en aura trente-deux millions qui ne verront que le chiffon. »

Le jeune homme n'en disconvint pas, mais il prétendit avoir trouvé, à l'aide de la *Gazette*, une combinaison par laquelle chacun pourrait connaître exactement sa volonté, ce qui amènerait un système d'élection si simple, si facile, si général, que tout individu, depuis 7 ans jusqu'à 90, pourrait voter librement, clairement et sans dérangement aucun en inscrivant son vote sur sa porte. Après cela, il passa à la partie morale de ce nouveau gouvernement et au rétablissement du culte de la raison.

Mais la vicomtesse dit que sur ce sujet elle n'entendrait pas un seul mot, et elle le ramena à l'autre moitié de la question, c'est-à-dire au partage du pouvoir et à son égalité.

« Il est évident, disait-elle, que si le peuple est souverain, chaque individu formant le peuple doit avoir une portion de la souveraineté et une portion semblable; il faut donc un état où tout le monde commande : mais maintenant expliquez-moi comment quelqu'un commande, où il ne reste personne pour obéir?

« Oubien, si tout gouvernement se compose de gens qui commandent et de gens qui obéissent, si je suis de ces derniers, montrez-moi ce que j'ai à gagner à obéir à mille au lieu de dix, et faites mentir le proverbe qui prétend qu'il n'est pas de plus malheureux valet que celui de deux maîtres.

« Si au contraire je suis des premiers, si je commande, si je suis un millième de roi, indiquez-moi clairement le profit que je retire de mon millième de royauté. »

Ici, le républicain fit un éloge pompeux du bonheur d'élire, de juger et de siéger à la chambre. La vicomtesse, qui ne pouvait être ni électeur, ni juré, ni député, fut peu sensible à cette félicité; elle lui dit que toutes les lois électorales semblaient avoir été votées par les marchands de vin pour la satisfaction des buveurs et la prospérité des cabarets; que dans aucun cas possible le pouvoir constitutionnel n'existait pour les femmes, et que si on en avait vu reines-nées, ou maîtresses patentées, jamais l'histoire n'en présentait d'élues, ou qui eussent été consul, président, protecteur, landaman, bref, qui eussent obtenu le plus petit emploi municipal, voire même celui de conseiller, d'adjoint, ou de caporal de la garde nationale. Au surplus, aucune de ces occupations civiques ne paraissait la flatter, et elle ajouta :

« Ce que vous appelez droit et pouvoir n'est de fait que charge et corvée; je vois qu'on y dépense son temps sans en tirer ni honneur ni profit, et que tout simplement on joue le rôle d'un chien qui tourne la broche et qui n'a que la fumée du rôt. Or, dans ma maison, ma cuisinière me laisserait volontiers faire la cuisine, si je voulais bien qu'elle en mangeât sa part sans la faire. Elle sera machine, direz-vous, mais si elle mange, que perd-elle à l'être? que gagne-t-elle à ne l'être pas? L'est-elle plus en faisant la cuisine sans la manger qu'en la mangeant sans la faire? Mais vous voulez qu'elle la fasse et qu'elle la mange; vous voulez que chacun fasse la sienne, et quel avantage trouvez-vous encore à cela? Ménage ou gouvernement, j'aperçois plus de rouages sans plus d'action; je vois que dix bras se mettent où il n'en faudrait qu'un, et que dix de même qu'un exigent d'abord, pour agir, l'immobilité de tout le reste.

« Si c'est une force matérielle que vous voulez à votre gouvernement, car il faut bien qu'il en ait une, rappelez-vous que plus un instrument a de pièces et ressorts, plus il fatigue; il n'y a de moteurs vraiment puissans que ceux qui sont simples; partout où l'action n'est pas unique, elle finit par se diviser, et où l'on tire de deux côtés, on est certain de ne cheminer d'aucun. Formez un attelage de principes indépendans, ou, qui pis est, de principes qui raisonnent, mettez à votre chaise de poste deux chevaux jurés, propriétaires et électeurs, et vous me direz comme ils iront. »

— « Madame, ils n'iront pas plus mal qu'un cheval de bois où une rosse sans bouche ni éperon. Votre vassal, votre vilain corvéable et taillable à merci, était la rosse qui n'allait qu'à force de coups, et qui, après avoir été battue dix ans, vous cassait la tête d'un coup de pied. »

— « Encore, docteur, cette rosse allait-elle dix ans; vos animaux rétifs d'aujourd'hui ne vont pas dix jours; ils ne font que regimber contre le vent, ruer à droite à gauche, sans avancer d'un pas. Mais, pour en revenir à cette égalité que vous prêchez, n'êtes-vous pas sans cesse en contradiction avec vos propres paroles? Nous naissons avec la parité des droits, dites-vous, pourquoi donc tenez-vous à l'inégalité des rangs? » — « Nous n'y tenons pas, madame. » — « Vous n'y tenez pas? faites donc asseoir votre laquais à votre table, et épousez votre blanchisseuse; si vous hésitez, je vous tiens pour de faux libéraux, et des absolutistes frottés de république. »

Le docteur se tut, elle continua : « Oui, plus absolutistes que moi, vous demandez l'égalité avec ceux qui sont au dessus de vous, et vous la repoussez avec ceux qui sont au dessous. Vous ne voulez point de votre blanchisseuse, mais vous et vos amis prendriez volontiers une héritière du faubourg Saint-Germain. Malheureusement, elles font à votre enseigne, à votre patente, la même grimace que vous faites au fer de la repasseuse, et quand on leur parle de s'appeler Madame Gibout ou Madame Bruneau, elles n'ont pas assez de jambes pour se sauver. »

L'attaque, d'après certaine circonstance connue de la dame, était directe et presque personnelle. Le malencontreux médecin rageait à mourir, mais il n'osait le faire voir, peut-être à cause de la portière, et il endurait son tourment en Spartiate. En général, les hommes supportent une grande douleur sans se plaindre, quand on les regarde, et les femmes quand on ne les regarde pas. Persévérant donc dans sa longanimité, il dit : « Madame, ces exemples prouvent seulement que nos cœurs, faussés par l'éducation, par les préjugés, préfèrent un peu d'or, même un peu de clinquant, à la reconnaissance de tous et au bien-être de l'ensemble. »

— « Mais ce bien-être, cet ensemble, docteur, chacun les voit chez soi, dans sa propre famille, et non dans celle des autres. Allez donc faire entendre à l'homme riche, à l'homme considéré, qu'il sera plus libre et plus heureux quand il sera moins riche et moins puissant. Faites-le même comprendre à ceux qui ne sont ni l'un ni l'autre, à moi, par exemple, car je vous avoue que, malgré mes efforts pour vous seconder de toute mon intelligence, je n'ai pas encore compris ce que c'est que votre liberté, que votre égalité; j'en conclus que vous ne m'avez pas fait voir les véritables, que vous n'avez point prononcé le vrai secret, le mot sacramentel. Peut-être, ne me jugez-vous pas digne d'être initiée; songez pourtant qu'on ne doit rien négliger pour faire une conversion. Parlez donc, développez tous les trésors de vos grands principes, et montrez-moi enfin cette unité, cette uniformité, cette plate-forme, base de toute prospérité, force et grandeur. Mais plus d'idéologie, plus de verbiage, dites-moi article par article, ni plus ni moins que si vous fesiez une nouvelle charte, ce que vous voulez, ce que vous demandez. »

Le docteur était radical depuis peu, ou plutôt il croyait l'être; il n'était donc pas bien au fait de sa nouvelle doctrine; et le combat qu'il éprouvait entre sa mauvaise humeur et la crainte de désobliger la noble dame, achevait de paralyser sa faconde; il se défendait mal ou même ne se défendait pas du tout; mais la question de la vicomtesse le remettait sur un meilleur terrain. Par un heureux hasard, la veille, en lisant un journal, il avait su ce qu'il voulait et de quoi il avait à se plaindre. L'article lui avait même paru si beau qu'il l'avait appris par cœur; aussi, sans y changer un seul mot, commença-t-il à le débiter, comme l'aurait fait l'auteur lui-même :

« Ce que nous voulons, madame! nous ne voulons « pas plus de restauration que de quasi-légitimité.

« Nous voulons le principe de juillet, proclamé « vainqueur avec toute garantie assurée au parti « vaincu.

« Nous voulons qu'il soit bien constaté qu'un in- « terrègne populaire a précédé l'élection de Louis- « Philippe, afin que la vieille légitimité ne puisse ja- « mais être récrépie.

« Nous voulons que la Charte complétée soit ra- « tifiée par une approbation populaire et solen- « nelle.

« Nous voulons que par l'abolition successive des « monopoles, toutes les industries soient rendues à la « liberté.

« Nous voulons un code départemental qui ne « soit pas une fédération de province, mais qui sé- « pare bien les intérêts des départemens des intérêts « généraux du royaume, et qui livre tous les intérêts « locaux à la discussion, et toutes les discussions à la « publicité.

« Nous voulons des institutions locales et une or- « ganisation qui puisse surtout assurer du travail aux « masses.

« Nous voulons un enseignement libre en con- « currence avec un enseignement public.

« Nous voulons une charte administrative qui ne « fasse plus des emplois une loterie, et des employés « un peuple d'ilotes.

« Nous voulons... » — « Mais la vicomtesse l'arrêta tout court. « Eh! quoi, docteur, c'est pis que jamais; je vous croyais un demi-républicain, et vous n'êtes qu'un doctrinaire; oui, c'est de la doctrine toute pure. Fi donc ! allez-vous gâcher la liberté comme ces gens-là ont gâché la monarchie? Moi, j'ai meilleure opinion de vous que vous-même; vous ne demandez rien de tout cela, pas même ce régime municipal dont les provinces ont joui cinq siècles avant la monarchie, et douze siècles sous elle, et que Bonaparte a confisqué en faveur des commis de Paris ou de leurs garçons de bureau. Moi, je vais vous dire ce que vous voulez, en commençant comme vous par ce que vous ne voulez pas :

« D'abord, vous ne voulez plus de roi. » — « Madame, nous ne disons pas précisément... » — « Allons, allons, vous faites des cérémonies, mais je veux faire quelque chose pour vous. Nous coupons la tête à sa majesté citoyenne, ou nous la tuons, au coin d'une borne, d'un coup de pistolet, et nous disons qu'elle s'est fait assassiner par malice et pour compromettre les étudians en médecine... »

— « Madame, balbutia notre Brutus un peu inquiet, notre parti n'avoue pas... » — « Je sais, je sais, dit la vicomtesse, mais il ne s'agit pas ici d'un interrogatoire; vous ne voulez pas de roi, c'est entendu! »

— « C'est-à-dire, madame, que nous pouvons admettre des rois à certaines conditions, il y en avait deux à Sparte ; mais il faut que la personne de ce roi ou de ces rois soit toujours subordonnée à l'intérêt de tous et au bon sens public. Pourquoi un homme sous le nom de monarque, d'autocrate, de sultan, d'empereur, voudrait-il se mettre à la place de la volonté générale? Un roi, tel qu'on l'admet communément dans vos états monarchiques, n'est, à proprement parler, que l'arbitraire personnifié, que le bon plaisir en corps et en ame : aussi quiconque s'y attache devient par cela même l'ennemi de la loi et du peuple. »

La vicomtesse secoua la tête avec incrédulité.

« Veuillez, dit le jeune homme, suivre un instant mon raisonnement, et ne m'en voulez pas trop si je me répète, car il faut se faire comprendre avant tout. »

— « J'écoute, dit la dame. »

— « C'est la raison des masses qui doit partout gouverner, et partout la loi doit en être l'expression; il n'y a plus de roi où la loi est bonne, car le roi ne peut rien où la règle peut tout. Le roi n'est qu'une superfétation de la loi, son pouvoir en est le vice. C'est donc toujours l'insuffisance ou l'obscurité du Code qui fait la part du tyran, et où la règle est toujours claire la tyrannie est impossible.

« Or, puisque c'est la volonté du peuple qui fait la règle, pour maintenir cette impossibilité de tyrannie, pour en prévenir même l'apparence, l'opinion du prince ne doit jamais prévaloir ; il n'y a plus de roi où la nation se prononce, et quand la loi laisse un doute, présente une lacune, ou lorsqu'il s'élève quelque démêlé de famille, le peuple, le véritable, le légitime souverain, devient le seul juge, l'expert unique.

« Si son arbitrage n'était jamais méconnu, si tout monarque ou magistrat déposait immédiatement le pouvoir au premier signe de sa volonté, si lui-même n'oubliait jamais quels sont ses droits et sa force, nous ne verrions pas l'intérêt d'un seul faire couler le sang de tous.

« Par exemple, deux frères se disputent un royaume, et des milliers d'hommes s'égorgent parce que l'un s'appelle don Pédro et l'autre Don Miguel. Je demande d'abord s'il n'y a pas d'autres personnes qui sachent gouverner que don Pédro et don Miguel; mais en supposant qu'ils y conviennent autant que d'autres, pourquoi ces milliers d'hommes, au lieu de s'entre-dévorer, ne prennent-ils pas don Pédro et don Miguel, ne les mettent-ils pas sous clef et ne leur disent-ils pas : Mes bons messieurs, voilà comme nous voulons être régis, voici nos lois, voici nos conditions. Nous vous donnons soixante minutes pour les accepter et vous mettre d'accord, c'est-à-dire pour vous embrasser comme deux bons frères et convenir que l'un de vous ira hors du royaume prendre l'air pendant dix ans pour sa santé et la nôtre. Une voiture légère et bien suspendue sera prête dans une heure pour l'un ou l'autre, et si vous n'avez pas fait de point en point ce que nous vous demandons, nous vous y mettrons tous les deux et nous vous ferons conduire de brigade en brigade jusqu'à la frontière, avec défense de remettre les pieds chez nous ; car il n'est ni juste, ni convenable que nous nous égorgions pour vous. Un peuple vaut mieux que deux hommes, quelque nobles qu'ils soient, et un bon principe est plus qu'un grand roi, parce qu'un bon principe est toujours légitime, qu'il n'a ni frère, ni sœur, ni cousin, qu'il n'épouse pas d'archiduchesse d'Autriche, qu'il ne devient ni fou, ni ambitieux, qu'il n'est jamais fait prisonnier, qu'il ne meurt pas, par conséquent qu'il n'a pas d'héritier mineur, et que si quelquefois on se bat pour lui, il reste du moins neutre, ne souffle pas le feu et le laisse s'éteindre de lui-même. »

— « Je commence à comprendre, dit la vicomtesse. » L'autre s'empressa de poursuivre : « Mais ce n'est pas assez, madame, que les rois ne soient qu'une espèce de principe incarné, qu'une loi vivante, et dont le pouvoir soit restreint et pour ainsi dire automate;

il faut encore que leur position sociale soit si peu attrayante que personne n'en veuille, et que faute de gens de bonne volonté, les enfans des rois soient condamnés à hériter de la charge de leur père comme les Samsons de Paris de celle du leur. Je voudrais même qu'à l'exemple des doges de Gênes ils ne pussent sortir pendant le cours de leur règne, sauf dans quelques occasions rares, et à peu près comme l'oriflamme ou la châsse de Sainte-Geneviève qui servaient à réveiller les masses dans les dangers de la patrie, ou à les rassurer en temps de peste. »

— « C'est-à-dire, docteur, que le roi doit être mis en dépôt dans les archives ou le garde-meuble. » — « Oui, madame, entre les diamans de la couronne et la tête de saint Denis, pour y avoir recours dans les jours de parade ou de grandes cérémonies. »

— « Mais dans cette agréable position, il me semble que vous le demandez légitime, puisque vous voulez contraindre le fils à faire le métier du père ? »

— « Légitime, si vous voulez, autant vaut; une nation ne doit jamais s'apercevoir quel est le souverain de nom; aussi, qu'il soit légitime ou qu'il ne le soit pas, peu importe; la légitimité n'est qu'un mot, un nom de baptême ou de famille, ou plutôt encore la désignation d'un instrument; que cet instrument soit neuf ou vieux, grand ou petit, brillant ou terne, on ne doit point s'en embarrasser pourvu qu'il fonctionne; il importe même que personne ne se prenne pour lui de beaux sentimens. »

— « Et pourquoi cela, monsieur? le sentiment peut-il être de trop quelque part? » — « C'est assurément une très belle chose, madame, mais partout ailleurs qu'en politique; l'amour a fait là plus de mal que la haine; et ceux qui, par affection pour un seul ou pour le triomphe d'une famille, veulent ramener le désordre, l'anarchie, la guerre et l'étranger, sont sur la terre de véritables démons. » — « Et quand c'est pour le triomphe d'une opinion, sont-ce des anges, monsieur? » — « Mais, madame, pour une opinion on n'a pas d'amour, et je viens de vous dire que je n'en voulais pas en politique. » — « Ah! vous n'en voulez qu'en ménage; mais vous êtes presque un courtisan, car vous songez à vous avant tout. Bref, un homme libéral, selon vous, est un homme qui dit : La patrie, c'est moi, la loi, c'est moi, le roi, c'est moi, car je suis citoyen. » — « Sans doute, madame, seulement au lieu de *moi*, écrivez *nation*. »

— « C'est vrai, dit la vicomtesse, je n'y songeais plus ; mais quant à votre roi-principe ou votre principe-roi, vous me permettrez de ne pas y croire; c'est un de ces rêves de nos fous modernes, qui s'imaginent que les choses marchent toutes seules. Comment voulez-vous établir une distinction entre les personnes et les faits? Peut-il y avoir des actions sans acteurs ou des œuvres sans pensées? Votre souverain sans pouvoir, sans vouloir et sans avoir, est une véritable chimère; car ce qui n'a rien et ne peut rien n'est rien; donc, un roi qui n'agit et ne peut agir, n'est pas; par conséquent, ma remarque subsiste; vous ne voulez plus de roi, je ne vous en offre donc pas pour le moment.

« Que mettrons-nous à la place? trois consuls; choisissez-les donc; vous ne prendrez pas d'ultras, et vous avez raison, car ils conserveraient le dépôt le moins long-temps possible. Mais il vous reste encore un champ assez vaste pour faire un bon choix; vous avez le centre et la république, et les grands hommes y fourmillent; vous n'avez que l'embarras des richesses, et parmi tant de beaux caractères, tant de talens, tant de citoyens illustres, également éminens par leurs vertus, leur savoir, leur éloquence et les grands services qu'ils ont rendus à la patrie, peut-être serez-vous contraints, au lieu de trois consuls, d'en prendre trois cents pour ne pas faire d'injustice.

« Mais consuls, roi ou pacha, je vous dirai qu'il faut de la vigueur pour conduire les hommes; que cette vigueur existe dans le souverain ou ses délégués, peu importe, pourvu qu'elle soit quelque part : sinon plus d'harmonie possible. Si vous ne voulez pas qu'on aime le roi, vous ne prétendrez pas qu'on méprise les consuls; eh bien! l'estime, l'amitié, l'amour même ne peuvent exister sans un peu de crainte; un élève ne s'attache pas au professeur qui ne le gronde jamais; une femme méprise bientôt le mari qui lui passe toutes ses fantaisies; on prétend même qu'il en est qui ne croient à sa fidélité et ne sont heureuses que lorsqu'elles ont été battues. Oui, c'est possible, sans contraste point d'effet, point de plaisir; un coup d'épingle est nécessaire au bonheur, même à la joie.

« Je voyais l'autre jour des enfans jouant aux chevaux, à ce qu'ils disaient; une demi-douzaine étaient attelés par une ficelle que tenait un septième; le fouet à la main, il le passait doucement sur le dos de son attelage qu'il excitait d'une voix amicale. Tout-à-coup un des chevaux s'arrête, et se tournant vers le conducteur, il lui crie d'un ton de reproche : Il n'y a pas de plaisir avec toi; ce n'est pas ainsi qu'on rit. Et quittant ses fonctions de quadrupède, il attache l'autre à sa place, il prend les rênes, et s'adressant aux chevaux postiches : Vous allez voir quel agrément vous aurez. Alors saisissant le fouet, il se met à piquer de toute sa force sur l'attelage qui galope et gambade de plus belle. Quand le conducteur eut le bras fatigué, il s'arrêta et leur dit : Eh bien, n'avez-vous pas eu bien du plaisir? Les autres en convinrent sans difficulté, et le considérèrent dès ce moment comme un bon et joyeux camarade qui avait le véritable secret de l'amusement et de la conduite.

« Au lieu d'un fil mettez un cable, au lieu d'enfans attelez des hommes, au lieu d'un fouet prenez une barre de fer, et ce sera encore la même chose.

« Vous dites que l'être est né libre, je soutiens qu'il est né esclave ou né pour l'être.

« Si vous repoussez cette destination, ce besoin de la nature, cette nécessité d'obéissance, vous admettrez du moins dans tous les hommes, dans les animaux mêmes, un calcul qui leur fait apprécier, à la mesure de leur intérêt, ce qu'ils ont à gagner ou à perdre dans cette situation passive, dans cette restriction de l'indépendance. Un enfant a peur de son père qui le corrige, et pourtant il crie dès qu'il ne le voit plus; parce qu'avec la conscience de sa propre faiblesse il a celle que son père le défendra, et qu'il a encore plus peur d'être fouetté par un autre que par son père.

« Pourquoi ce chien qui vague dans la rue, et que personne ne réclame, cherche-t-il partout un maître? c'est que certainement il y trouve un bénéfice ; et si, après avoir été battu, il retourne à la maison, c'est qu'il a remarqué que les inconvéniens du bâton n'excluent pas les avantages de la soupe.

« Et l'effet de ce bâton le croyez-vous inutile même sur le moral humain ? Non ; les trois quarts des vertus de ce monde, la douceur, l'humilité, la patience, la résignation, toutes les autres, peut-être, sont la suite de son impression ; c'est par lui que se polissent les enfans de tous les pays ; c'est la férule qui a fait les grands hommes de tous les siècles.

« Ce chien, puisque nous le citons, ce chien si bon, si attentif, si fidèle lorsqu'il est convenablement corrigé, n'est plus le même dès qu'il ne voit plus le collier de force ; livré à ses penchans, il devient hargneux, paresseux, voleur, dangereux pour tout le monde ; enfin dès qu'il cesse de craindre quelqu'un, il n'est plus utile à personne ; et en cela il se conduit comme se conduira tout individu jeune ou vieux à qui on laisse la bride sur le cou. N'en doutez pas, mon cher monsieur, quel que soit le gouvernement, la débonnaireté y est un mal, et partout, pour commander, il faut se faire craindre des hommes et aimer des femmes. »

— « Aimer des femmes ! je le veux bien, madame, mais si vous admettez la nécessité de se faire craindre des hommes pour les diriger, vous condamnez les chefs des hommes à une existence plus triste que je ne le demandais, car j'appelais sur les rois non la haine mais l'indifférence. »

— « Eh bien, docteur, si la haine que l'on inspire n'est pas un moyen de bien-être, le despotisme n'est pas un tort, un crime, mais seulement la conséquence d'une position. Un tyran en tyrannisant n'est pas plus coupable que l'aigle qui donne un coup de bec à son aiglon pour le faire rentrer dans le nid, ou que la pie qui brise la tête à cette autre pie qui s'approche trop de son repas ; elle ne veut pas maltraiter une pie, elle ne veut que conserver sa pitance.

« Un roi tyran ne l'est donc pas plus pour son agrément que le bourreau ne l'est pour le sien. Aussi quand le poète s'écrie : Que les despotes sont à plaindre de faire couler le sang des hommes ! il crie une sottise, car un homme n'est jamais despote pour l'être ; il ne le sait ni ne le veut, et s'il fait couler le sang, c'est par principe, par crainte, par nécessité réelle ou imaginaire, mais jamais pour s'amuser. »

— « Ah! madame, s'écria la portière émue d'attendrissement, vous avez sans doute connu l'incorruptible Maximilien, comme s'appelait feu mon oncle le municipal, car il disait tout de même. »

Ici le malade se retourna avec anxiété, comme tourmenté par un songe funeste, et il murmura: « Malheur à qui veut du sang! de quelque couleur qu'il soit, il lui retombera sur la tête!... »

La vicomtesse tressaillit, et le docteur courut au lit du malade. Son pouls était convulsif, sa respiration embarrassée. Le médecin dit à la portière de donner un peu d'air. La vieille ouvrit une fenêtre, et un reste de jour qui se répandit dans l'appartement fit voir à la compagnie qu'elle était plus nombreuse qu'elle ne pensait. Un quatrième personnage, qui probablement était entré pendant la chaleur de la discussion, semblait en attendre la fin pour paraître en scène. Dès que le silence fut rétabli, il s'approcha bénignement en annonçant qu'il venait savoir des nouvelles du malade, et offrant de se retirer si l'on était en conférence de famille.

La vicomtesse, assez peu flattée de la supposition, dit qu'elle n'était absolument rien au maître du logis, et que la charité seule l'avait amenée. L'étranger fit entendre qu'il n'était là que pour un semblable motif; puis s'avançant vers le bonhomme, il le tâta, le flaira, l'examina en connaisseur ; ce qui amena entre lui et la vicomtesse une grande dissertation sur son état et les moyens curatifs à employer.

Quant au docteur, élevé dans la crainte des mouchards, la présence de cet auditeur inconnu qui pouvait l'avoir mal compris, ne laissa pas de l'inquiéter. Cependant il se remit peu à peu, et ne pouvant pas rester plus long-temps étranger à une conférence médicale, il se jeta dans la mêlée.

Tous les grands mots de la science moderne furent successivement passés en revue, et l'arsenal redoutable de la faculté déployé dans tout son luxe. Pendant ce temps l'agitation du malade redoubla considérablement. Heureusement l'érudition clinique de chacun s'épuisa, et du galbanum à l'arseniate, on en revint à la politique.

On s'échauffa : la fougueuse vicomtesse, dont le front s'était rasséréné, pourchassa de plus belle le républicain. Elle y allait avec d'autant plus de vigueur qu'au costume noir du nouveau personnage, à son front rapé, à ses cheveux rares et pendans, enfin à je ne sais quel air de componction, elle le prenait pour un aboutissant de l'église; et, en récapitulant ce qu'il avait dit sur la médecine, elle se figurait avoir un auxiliaire.

Ce qu'elle attaquait en ce moment était le journalisme que le jeune homme défendait chaudement et de manière à faire croire qu'il n'y était pas étranger.

« Oui, disait la dame, si cela dépendait de moi, vous auriez demain la censure et encore la censure de la censure. Qui dort aujourd'hui tranquille avec la licence de vos feuilles? quel est l'honnête homme qui peut dire que demain il ne sera pas conspué, déshonoré? Il suffit pour cela que quelque barbouilleur ait besoin de remplir sa page, et que son nom lui vienne sous la plume. Et comment voulez-vous fournir autrement à ce déluge de feuilles qui tombent tous les jours des greniers de Paris, où on les fabrique en moins de temps que du papier gris? Autrefois nous n'avions que deux ou trois journaux: la Gazette de Bouillon, celle de France, le Journal de Paris, le Mercure; mais leur organisation, leur composition, leur publication, étaient une affaire où il avait fallu mettre des fonds, des hommes et de la conscience. Aujourd'hui quelle est la manière de fonder et de faire marcher un journal? »

— « Je vais vous le dire, fit l'homme au front rapé:

Vous prenez d'abord quelque pauvre diable que vous ramassez dans le ruisseau ou ailleurs, et vous le nommez éditeur responsable.

« Vous ouvrez le dictionnaire, et vous y choisissez un certain nombre de mots, tels que : liberté, légalité, vaillance, indépendance, magnanime, légitime, etc.; vous y ajoutez un quart de rêveries que vous faites extraire de quelque bouquin, et un quart de sottise que vous trouvez dans votre propre fonds; vous mêlez le tout ensemble, et votre chapitre politique est prêt.

« Tandis que la cuisson s'opère, vous avez recommandé à votre laquais, ou, si vous n'en avez pas, à votre portier, de causer dans le marché en achetant vos légumes; de façon qu'à son retour vous n'avez qu'à écrire sous sa dictée, et vous avez un excellent article de nouvelles et bruits de ville. Alors signez par initiale depuis A jusqu'à Z, et servez chaud. »

La vicomtesse trouva ceci parfaitement bien dit, et le docteur, par un motif contraire, le trouva parfaitement mal; mais l'interlocuteur étant un vieillard, il ne pouvait se fâcher. « Monsieur, lui dit-il, un seul argument répond à ce que vous avancez contre les journaux, c'est qu'on s'y abonne et qu'on les lit; et, s'ils ne contenaient que des niaiseries, comment trouverait-on des gens pour les payer? »

— « Comment? dit l'homme, quand il s'agit de rencontrer des dupes on n'est jamais embarrassé en France. N'avez-vous jamais vu cinquante amateurs se réunir sur un pont pour voir noyer un chat? Au lieu d'un prenez-en deux et mettez-leur à chacun une cocarde; pour cinquante spectateurs vous en aurez mille. Toute spéculation est bonne quand elle est hypothéquée sur les sots. Semez de la graine de niais, dit le proverbe, il viendra des actionnaires. »

Le jeune médecin, à qui son quart d'action ou ses huitièmes d'articles tenaient au cœur, s'empressa de répliquer : « Si nos journaux n'ont pas le mérite de la rédaction, ils ont au moins celui du courage. » — « Lequel? dit l'autre qui devina qu'il avait en face un intéressé, et qu'avez-vous à craindre? n'avez-vous pas toujours quelque assassin émérite attaché à votre personnel, pour répondre aux gens qui trouvent mauvais qu'on les calomnie?

« Ou s'il en est qui après avoir été outragés ne veulent pas encore être tués, et qui s'adressent aux tribunaux ou au jury, que peut-il encore en résulter? Quels sont MM. les jurés? une douzaine de bons bourgeois qui ne vous ont jamais lus, qui ne vous connaissent que peu ou point, qui connaissent encore moins le diffamé ou l'article incriminé, ne s'en soucient nullement, et qui, avant toute chose, ne veulent se mettre mal avec personne. Là est toute la défense, et voici votre marche.

« Informez-vous exactement de leur nom, de leur état, de leur adresse, et faites insérer dans toutes vos affiches : MM. tels et tels sont jurés dans l'odieuse affaire qui nous est suscitée par le ministère; ces dignes Français, ces bons citoyens ne seconderont pas la police contre les droits du peuple et la liberté de la presse.

« Vous ferez suivre immédiatement cet avis d'une lettre anonyme à chacun de ces messieurs. Les mots : vengeance et mort, y seront plus ou moins répétés avec deux poignards en sautoir, le tout pour aider à la liberté des votes.

« Le grand jour arrivé, vous aurez soin de remplir la salle de cette intéressante partie de la nation qu'on trouve ordinairement au coin des rues, près du marchand de vin, et qui devient partout, à l'aide d'une bonne poitrine et d'une meilleure figure, l'expression du vœu général. Puis vous irez sans peur et sans reproche vous asseoir au banc des accusés.

« Je passe sous silence la lecture de l'acte d'accusation, les débats et l'interrogatoire : seulement s'il y a des témoins à charge, à mesure qu'ils paraîtront, vos amis les hueront, et quand ils auront fait leur déposition, ils diront que ce sont des agens de police.

« Lorsque le procureur du roi prendra la parole, les murmures redoubleront, on pourra même risquer un coup de sifflet, mais sobrement, de peur qu'on ne mette le public à la porte. Quant au fond, c'est à votre avocat à interrompre lorsque les faits deviendront trop clairs, et à nier, falsifier, ou mentir à son choix, car c'est le droit de la défense.

« Viendront ensuite les témoins à décharge; je n'en parle point, vous savez où on les trouve.

« La parole est à votre défenseur, jeune homme de bien, n'ayant rien à perdre, mais beaucoup à gagner dans un déluge universel. Il commencera par dire force injures au Tribunal, à la loi et au pays; ce devoir rempli, il parlera des Polonais, de la Vendée, de l'état de siége, du roi de Prusse, etc. etc. etc. Nous le laissons dire, il suffit que nous ne soyons pas obligés de l'écouter.

« Après votre défenseur c'est à votre tour; je ne vous trace rien, vous ferez un beau discours sur la république ou la légitimité, selon votre goût et votre état.

« Le dénouement approche, les jurés s'apprêtent à sortir, vos amis leur jettent un regard oblique, ils font entendre ce grognement sinistre dont nous avons conservé l'heureuse tradition de la montagne; ils peuvent même leur montrer le poing; mais probablement c'est inutile : les braves gens qu'ils sont, les dignes citoyens, je connais d'avance leur décision. En effet, dix minutes après ils reparaissent rassurés, calmes, heureux; vous êtes acquittés sur toutes les questions. Bravo! vivent les jurés! honneur à leur indépendance! bravo, bravissimo! Vous versez des larmes d'attendrissement, vous vous jetez dans les bras de votre avocat; vous félicitez les témoins, le public, la France, l'Europe entière, dont la liberté était intéressée à ce mémorable procès.

« Le lendemain, un article admirable, improvisé depuis quinze jours, paraît dans votre journal à l'adresse du pays qui triomphe avec vous de cette grande victoire remportée sur le tyran et l'arbitraire. »

La vicomtesse n'avait garde d'interrompre ce beau récit; et le cynique vieillard, que l'on aura déjà sans doute, à sa méchanceté, reconnu pour le souffleur Narcisse, voyant que ses mauvaises pointes faisaient pester quelqu'un, n'était pas disposé à s'en faire faute. A ses calomnies ajoutant le persifflage, il se mit à insister sur l'éclatante protection, disait-il, accordée par le gouvernement à la jeune littérature. A cet endroit, la patience échappa au docteur.

« Comment pouvez-vous parler ainsi, s'écria-t-il, lorsque des persécutions atroces sont exercées contre tous les écrivains libéraux, lorsqu'on les condamne à 5,000, 10,000 et 20,000 francs d'amende; lorsque livrés au farouche Gisquet, ils sont traînés de geôle en geôle, chargés de fers, enchaînés aux malfaiteurs, et déchirés dans les cachots par d'horribles tortures ? »

— « Ah! ah! dit l'homme aux cheveux gris, vous m'effrayez; car mon perruquier et moi sommes cités à huitaine pour un article sur les poudres; et puisqu'il en est ainsi, je crois que je ferai bien de conjurer l'orage et d'envoyer la supplique que j'avais préparée pour M. le procureur-général. Permettez-moi, cher collègue, car je travaille aussi aux journaux, de vous en donner lecture et de vous demander franchement votre avis. » Alors sans attendre la réponse, il tira de sa poche un papier qui ressemblait à une vieille affiche de comédie, et se mit à lire ou à faire semblant :

« Monsieur le procureur du roi, j'apprends qu'on poursuit notre journal pour diffamation, attaque, etc.

Et à qui donc, M. le procureur du roi, voulez-vous que nous fassions tort? et comment se trouve-t-il des esprits assez mal tournés pour se fâcher de ce qui ne fait mal à personne? Je vous le demande, mon excellent magistrat, avez-vous jamais eu l'idée de réclamer des dommages-intérêts de votre sansonnet parce qu'il vous a appelé cornard? Vous savez comme moi que cet innocent oiseau n'en pense rien, et quand il dirait vrai, qu'il n'en est pas la cause.

« Ah! mon très juste et très clément procureur, songez-y bien et n'oubliez pas que le sang innocent, car notre sang c'est notre argent, ne doit point couler. Réfléchissez que nous sommes de pauvres créatures sans malice, qu'obligés de nous battre tous les jours les flancs pour faire rire, nous ne pouvons, les trois quarts du temps, que faire hausser les épaules; faites-en vous-même l'essai; parcourez tous nos articles, choisissez au hasard dans nos feuilles de l'année entière, et si vous pouvez en lire une sans vous écrier dix fois : Que c'est bête! je passe condamnation. Vous voyez donc bien que nous ne sommes point dangereux, et que ces propos injurieux dont on nous accuse, on nous les rend au centuple.

« Au surplus, nous ne demandons pas mieux, mon excellent juge, que de faire des complimens aux gens que nous injurions ; il suffit que vous vouliez bien les décider à nous donner par ligne un sou de plus que nous ne gagnons à leur dire des sottises. Vous voyez que nous sommes raisonnables, je dirai même magnanimes ; car qu'est-ce qu'un sou dans la position où nous nous trouvons, nous hommes de lettres, nous l'avenir du siècle ? Tandis que nos éditeurs s'enrichissent, que nos libraires roulent carosse, nous mourons de faim, mon doux juge, nous n'avons pas de culottes ; oui, nous sommes un exemple de toutes les misères humaines, et une moralité vivante bien propre à effrayer les jeunes gens de famille qui se consacrent aux beaux-arts ; bref, notre position est telle que nous consentirions volontiers à être mis au carcan à un écu par jour, si vous jugez la chose utile et dans l'intérêt des mœurs et de la patrie. »

Le vieux comédien, accoutumé à jouer tous les rôles, avait débité sa tirade avec un imperturbable sang-froid que faisaient ressortir encore les grimaces du jeune rédacteur. Il ne se contenait que parce qu'il le prenait pour un agent provocateur. Pour faire diversion à son impatience, il s'était rapproché du malade dont il avait l'air de s'occuper.

Quant à la dame, elle avait ressaisi le texte qu'elle n'avait cédé qu'à regret, et animée par le chorus, elle s'écria : « Oui, mensonge et mauvaise foi, telle est la devise de tous vos journaux, de tous vos écrivains. » — « Et des vôtres, répliqua le républicain qui n'y tenait plus. » — « Si les nôtres ne valent rien, cela ne rend pas les vôtres meilleurs.... »

— « A vous en croire, madame, répondit le jeune homme moins effrayé d'elle que de l'autre, il n'y aurait pas un seul individu honnête qui écrivît dans les journaux. » — « S'il y en a, monsieur, pourquoi s'adjoignent-ils ceux qui ne le sont pas ? Pourquoi ont-ils la faiblesse de les tolérer près d'eux, de les associer à leur œuvre ? »

— « Mais, madame, s'ils renvoient ceux qui vous déplaisent, ils pourront souvent être seuls. En quoi consiste la probité, si vous appelez malhonnête tout ce qui ne pense pas comme vous? que laisserez-vous dire à nos journaux si vous prétendez qu'ils mentent lorsqu'ils ne copient pas les vôtres? C'est leur opposition qui fait à vos yeux leur improbité. »

— « J'aime l'opposition, monsieur, puisque j'en suis; mais la vôtre est absurde; je ne connais rien de plus inutile que l'opposition brutale, aveugle, parce qu'elle paralyse ainsi sa propre force, et rend absolument nul l'éloge comme le blâme. Pour avoir une action quelconque sur l'opinion, on doit être juste ou au moins le paraître. »

— « Sans doute, madame, mais il faut, avant tout, être conséquent avec soi-même, être de sa couleur, et quiconque vote pour le parti contraire n'est qu'une girouette, un renégat. »

— « Mais si le parti contraire a raison? »

— « Il ne peut pas l'avoir, puisqu'il est contraire, et qu'en révolution il n'y a pas de milieu entre ami et ennemi, point de pacte entre opinions. »

— « Eh quoi! mon cher monsieur, l'opinion, selon vous, n'est donc pas la conscience? et de cette conscience un vrai patriote en fait hommage à la patrie. Oui, nous en avons la preuve quand vos jeunes amis, dans certain procès, jurent le soir le contraire de ce qu'ils ont juré le matin. »

Ici la dame, essoufflée, s'arrêta, et M. Narcisse se tourna en ricanant vers le républicain. L'air goguenard de cet homme, ou la honte de se voir ainsi harcelé par une vieille femme devant un inconnu, poussa le docteur hors des gonds, et la colère lui faisant perdre de vue ses intérêts diplomatiques : « En fait de conscience, j'aime bien celle des royalistes, dit-il, elle est devenue proverbe. »

— « Encore ont-ils celle de la fidélité! »

— « En vérité, madame, je ne trouve rien de plus étrange que cette fidélité que vos gentillâtres nous prônent sans cesse. Qu'est-ce donc pour eux que ce roi légitime, ce roi-né, ce roi par la grâce de Dieu, cet oint du seigneur dont ils nous font si grand étalage? Rien autre chose qu'une éponge qui leur sert à pomper le suc des peuples. Oui , c'est une sangsue que vous faites dégorger dans vos poches. Vous n'estimez votre roi siphon que pour ce qu'il vous rapporte, et vous ne le voulez légitime que parce que vous le croyez plus productif, et plus apte à votre besogne. Otez le profit, et sa personne vous est parfaitement indifférente; on peut le baffouer, le chasser, l'emprisonner, le tuer, sans que vous vous en mettiez en peine le moins du monde. Où étaient les royalistes quand on égorgeait Louis XVI? Où étaient-ils quand on détrônait Louis XVIII? Où étaient-ils quand on canonnait Charles X? Et quand la duchesse arrivait en Vendée, quand on la traquait, quand on la prenait, que faisaient-ils? Ils disaient vaillamment leur chapelet pour le succès de son entreprise.

« Et voilà cette fidélité dont ils parlent tant! Ah! on peut bien crier, clabauder, intrigailler pour celui ou celle qui n'a plus rien à donner; mais compromettre sa personne, sa fortune!! mais risquer jusqu'à cent écus!!

jamais!.. et depuis trois ans les plus mémorables exemples de votre dévouement n'ont jamais dépassé vingt-cinq francs par tête.

« Et encore comment les avez-vous donnés? vous avez fait des souscriptions pour des cuisinières parce qu'elles n'avaient pas vendu leur maîtresse, comme si tous les domestiques vendaient leur maître en France; comme si celles-là avaient fait autre chose que ce que trente-deux millions de Français auraient fait; comme s'il y avait le moindre mérite à ne pas trahir l'hospitalité, la confiance, à ne pas commettre une action infame. Ah! sans doute, vous auriez proposé aussi une souscription en faveur de l'autre, s'il n'avait pas reçu celle de la police!

« Mais ce brave Israëlite en a-t-il fait plus que vous? S'il l'a vendue pour de l'argent, vous l'avez livrée par votre lâcheté, et lui ne l'avait pas attirée sur le territoire. Ah! oui, mille fois oui, vous avez droit de réclamer la moitié de sa récompense, car vous l'avez bien gagnée. »

Pendant cette expansion de bile, M. Narcisse, qui y avait contribué de son mieux, souriait dans sa barbe en regardant la vicomtesse; il aurait donné le reste de ses cheveux gris pour qu'elle sautât aux yeux du docteur; mais cet espoir fut déçu; l'humeur de la dame, qui, comme nous l'avons vu dès le début de ce chapitre, s'était échauffée par degrés, s'était calmée dans la même proportion à mesure que celle du républicain avait crû. En vain le souffleur maudit, pour faire ressortir chaque impertinence, avait soupiré, minaudé, trépigné, tout avait été inutile; la dame n'avait pas même essayé d'interrompre le jeune homme, et quand il eut fini, elle ne parut, au grand étonnement de la compagnie, et de son antagoniste lui-même, ni fâchée, ni intimidée.

Il n'en est pas de même de l'éditeur, qui, ainsi qu'on a pu s'en apercevoir, est un de ces hommes accoutumés, comme on dit, à ménager la chèvre et le chou. Le pauvre diable avait surtout intérêt à ne pas se brouiller avec le côté ci-devant droit où il a deux vieilles tantes et trois cousines dont il espère hériter; aussi aurait-il donné les trente francs qu'il a retirés de la vente des trois premières parties de cet ouvrage, pour que ce damné républicain ne se fût pas ainsi déboutonné.

Ledit éditeur faisait donc une mine qui aurait mérité d'être lithographiée à la tête du volume, tant elle était cocasse; il se creusait le cerveau pour savoir par quel moyen il pourrait replâtrer ce passage; il n'en trouvait aucun, et alors il se représentait avec horreur la colère effroyable de ses deux tantes et de ses trois cousines, qui, après l'avoir mis à la porte comme feu l'enfant prodigue, le déshéritaient par testament olographe ; il se voyait seul au monde, entre leurs malédictions et ses dix écus.

Dans son désespoir il était tenté d'aller jeter le tout dans le prétoire. Il apostrophait la vicomtesse, le républicain et aussi le Satan qui soufflait le feu. Cependant ce fut en ce dernier qu'il crut voir l'ancre de salut, et il lui laissa la parole.

« Monsieur, dit le comédien au républicain, je crois que vous exagérez les choses. Si le parti légitimiste s'est quelquefois trompé, si les coups qu'il destinait à ses ennemis sont souvent tombés sur ses amis, cela ne prouve rien contre l'intention ; le garçon cordonnier qui perce une mouche d'un coup d'alène sur la cuisse de son patron, ne lui voulait que du bien.

« On lui reproche de n'être pas brave, mais un poltron n'est pas plus méprisable qu'un chauve ou qu'un borgne, et si cela dépendait de lui, il aurait du courage.

« On dit qu'il ne tire jamais l'épée que contre le vent, mais cela témoigne en faveur de son humanité et de sa piété; l'église hait le sang, et le vent ne saigne pas.

« On prétend aussi qu'il n'a pas le sens commun. Il est des gens qui ne veulent pas l'avoir, parce que nourris des bonnes traditions, ils n'ont pas oublié cette promesse : *le paradis aux simples.*

« Je conclus donc de ceci, monsieur, que le parti ultra est extrêmement respectable, qu'il est fort utile aux progrès du siècle et à la mesure du temps, parce que restant toujours au même point, il indique aux autres de combien ils avancent; c'est une bouée jetée dans l'Océan des révolutions, pour montrer au pilote où il se trouve, et pour qu'il puisse s'y amarrer au besoin.

« Or, en vexant ce vénérable côté, en la personne de madame, vous allez, monsieur, contre les intentions du vôtre, qui, après l'avoir écumé en 1793, le laisse se remettre en chair pour le dégraisser de nouveau quand il en sera temps. Si je pouvais me servir d'une comparaison triviale, je vous dirais : C'est un excellent verrat à qui la république doit permettre de grogner à son aise et de bien se vautrer dans l'herbage, jusqu'à ce qu'il soit temps de l'en retirer, pour le mettre au saloir de la patrie, et en étendre le lard sur la grande tartine nationale. Si vous voulez en mériter votre part, gardez-vous donc de taquiner l'animal, et de le troubler dans sa digestion. »

A ce nouveau débordement de venin, la peur de l'éditeur redoubla; il se crut obligé d'y mêler sa sauce adoucissante, et voilà comment il s'y prit :

Qui dit partis, dit injustes; et lorsqu'ils se qualifient, on ne doit pas plus croire l'un que l'autre. Il y a de sots carlistes, comme il y a de sots républicains et de sots ministériels ; mais dire que tout ce qui est ultra est sot, que tout ce qui est républicain est sanguinaire, que tout ce qui est du centre est vendu, est une impertinence. Il y a de braves gens partout, et je connais jusqu'à des rédacteurs de journaux et même des éditeurs responsables qui sont les plus honnêtes et excellentes créatures du monde. Il n'y a donc ni sot côté, ni sot métier, et nulle opinion n'est un crime quand elle est loyale et franche. Je ne vois de méprisables que les hypocrites qui affectent une couleur qu'ils n'ont pas, et qui courent d'un parti à l'autre pour les tromper tous.

Mais un homme digne de ce nom n'est d'aucune faction; il dédaigne tous les vains simulacres, il se moque autant d'un drapeau blanc que d'un drapeau tricolore, son signe de ralliement à lui est sa conscience. Il n'écoute qu'elle, il ne suit qu'elle, et, en voyant les moutons sauter dans l'ornière, et les ruisseaux entraîner les ordures, il prend le chemin qui lui paraît le plus propre, sans chercher à mettre le pied où un autre l'a mis.

Cela dit, nous revenons à notre récit. La vicomtesse, qui avait supporté le fouet sanglant du républicain, ne put endurer les souillures de l'homme aux circonstances; elle lui jeta un regard fulminant, ce à quoi le stoïque personnage répondit en lui offrant une prise de tabac. La vicomtesse, détournant la tête, dit au médecin : « Je voulais attendre le réveil de notre malade, mais il n'y a pas moyen de tenir ici; puis toisant l'ennemi, elle sortit fièrement.

« Avez-vous jamais rien vu de plus bête que ces gens-là, dit le souffleur dès qu'elle eut tourné le dos? J'aimerais mieux être le chien d'un doctrinaire que le roi des ultras. Tel que vous me voyez, monsieur le docteur, je suis aussi une façon de républicain, quoique mes moustaches ne soient pas encore poussées, mais cela viendra; je vous avouerai pourtant que je ne suis des vôtres que depuis Pâques, en raison des engagemens que j'avais pris pour l'année théâtrale avec une troupe qui ne jouait que des pièces légitimistes. Au surplus, j'ai les bonnes traditions républicaines. Feu Joseph Lebon, mon ancien professeur, brave et digne homme qu'on a fort calomnié, par parenthèse, et qui eût tout aussi bien fait couper les têtes pour la monarchie que pour la convention, tant il tenait à conserver la sienne; feu Joseph Lebon, dis-je, qui était encore plus peureux que moi qui ne le suis pas mal, me disait un jour, en dénouant ma cravate : Mon cher élève, sais-tu ce que c'est qu'une république ? C'est un grand rabot qui, tous les quarante ou cinquante ans, passe sur le sol de la patrie pour l'égaliser et le repolir. Le rabot doit aller jusqu'à ce que le terrain soit uni comme une glace ; cela fait, les copeaux restent à droite et à gauche, et ramasse qui veut. »

Ici, je me permettais de l'interrompre, et en remettant ma cravatte, je lui disais : « Mon cher maître, vous voulez dire ramasse qui peut, car ceux à qui le grand rabot a emporté la tête ne ramassent sans doute rien. »

— « Tu as raison, mon enfant, continuait-il ; mais voilà la beauté du mécanisme du grand rabot, c'est qu'il n'enlève que les éminences; tout ce qui est petit ou plat s'en tire en faisant le plongeon. »

A cette explication de mon doux maître, je commençais à comprendre, et je savais comment se faisait la récolte. Aussi la fîmes-nous joliment. Mais il y a quarante ans de cela, et la saison d'en faire une autre étant venue, c'est la besogne à laquelle vous, M. Brutus, et vos disciples, vous voulez procéder; mais je vous dirai franchement que je ne vous crois pas encore les reins assez forts. Vous me répondrez que feu Joseph Lebon ne les avait pas bien forts non plus. C'est possible, et je le lui disais moi-même en lui offrant la main pour monter dans la charrette. Mais si mon excellent maître n'était robuste ni au moral ni au physique, il avait derrière lui des gens qui l'étaient pour deux; et derrière vous, mon cher confrère, ceux que je vois ne me font pas l'effet de bien grands charpentiers. Ils ne savent trop ni ce qu'ils veulent ni ce qu'ils sont, et je vous dirai pour votre gouverne, qu'entre le crime et la vertu il n'y a que des brutes. Commencez donc par ôter vos mitaines et relever vos manches; de mon temps on ne travaillait que comme cela. Ah! si vous aviez vu aux journées de septembre! Dieu! comme ça marchait! ah! les braves jeunes gens! mais ils n'y étaient pas venus la badine à la main et en toupet à la vanille. »

Notre radical, malgré son dévouement aux doctrines du jour, ne put s'empêcher de faire un mouvement. L'autre s'en aperçut et lui dit: « Je n'étais pas acteur, j'étais enrhumé ce jour-là; si j'avais eu cet honneur, j'aurais réclamé la présidence chez vous. Je n'en mérite pas moins vos hommages; tel que vous me voyez, je suis un des vainqueurs de la Bastille et j'ai une pension : oui, j'y suis entré un des premiers; il est vrai que c'était en pleurant, entre deux poissardes qui me tenaient au collet, aidées de cent mille polissons qui me poussaient au derrière. Je n'ai jamais tant risqué d'être étouffé : ah! certes, c'est une pension bien gagnée! aussi ai-je, ce matin, donné mes nom et prénoms pour qu'on les inscrive sur la colonne, peut-être même y mettra-t-on ma figure si on n'en trouve pas une plus belle. Mais, j'y pense, vous paraissez aimer la gloire, je vous céderais à bon compte ma part d'immortalité. Voyez, dites-moi sans façon, voulez-vous être un des vainqueurs de la Bastille? » — « Eh! mon cher monsieur, je n'ai que vingt-deux ans! » — « Belle raison! il y en a dix qui sont plus jeunes que vous; la victoire n'a pas d'âge, et, s'ils n'y étaient pas, ils y auraient été. Au surplus, jeune homme, je suis content de vous, continuez, nourrissez-vous des bons principes, et je vous promets, dans l'histoire, une place glorieuse entre le grand Santerre et l'immortel Carrier. Là dessus, il se mit à lui siffler dans l'oreille ce refrain d'une chanson nouvelle, qui venait justement d'arriver de Marseille :

A mort, tyran ! qu'une pique insultante
S'abreuve enfin de ton sang détesté !
Tyran, à mort ! et que le peuple chante :
Vive la sainte liberté !

Le pauvre Brutus, dépassé de cent mètres, et ne se doutant pas que le vieux singe se moquait de lui, resta un moment aussi abasourdi que ce brave démagogue lorsqu'il s'entendit traiter de chouan; il se crut véritablement devenu ventru; mais bientôt quelque chose qui ressemblait à la peur succéda à ce mouvement. le soupçon lui revint que le compagnon pouvait être quelque agent Gisquet, et la portière étant sortie en ce moment, le timoré tribun s'imagina qu'elle allait chercher la garde. Aussi, sans prendre congé de son malade, il saisit son chapeau et il fila si précipitamment qu'il manqua renverser la vieille qui remontait l'escalier avec une tasse de tisane.

Le souffleur se prit alors à ricaner tout seul, en disant : « Il était temps de délivrer ce brave homme de ces deux imbéciles qui l'étourdissent; et s'adressant à la portière : « Dites-moi, la bonne, est-ce que nous serions dans une maison de santé ? » — « Qu'entendez-vous par là, monsieur? » — « Je vous demande si c'est ici une succursale de Charenton? dans ce cas, croyez-moi, fermez la porte, car si on laisse les fous courir, il n'y a pas de sûreté pour ceux qui ne le sont pas.

Disant ceci, il remit son chapeau, et voyant que le malade ne s'éveillait pas, il sortit.

Rêve

DE

M. CRISTOPHE.

RÊVE

DE

M. CRISTOPHE.

Le malheureux vigneron, qu'on croyait endormi, était en proie à une espèce de spasme nerveux et presque convulsif; cette discussion interrompue, ce duo de voix aigres lui déchirait le tympan bien autrement que les chuchottemens de la vieille.

Son état d'angoisse augmenta encore, quand un son sinistre, qu'il se rappelait comme le cri du hibou ou le sifflement du serpent, vint se mêler au dialogue. Par moment il se croyait à l'enterrement du comédien, en butte au génie contradicteur qui l'avait si fort maltraité, et, en cela, il se trompait peu, car cette note assourdissante qui le poursuivait n'était autre que la voix du souffleur.

Il la distinguait par dessus les autres, il en saisissait

des mots, des phrases entières qui contrariaient ses idées, ses principes; il voulait répondre et il semblait que sa bouche était fermée par un cadenas. Pour comble de supplice il s'identifiait par instant avec l'un ou l'autre interlocuteur, il s'attribuait une partie du dialogue, et il lui semblait que c'était lui qui débitait des sottises.

Cette position était intolérable; pour en sortir il tenta plusieurs fois de soulever sa tête appesantie, et fit entendre les exclamations dont nous avons rendu compte. Mais affaissé sous le mal, ses efforts étaient vains. Enfin la fatigue des combattans ou leurs affaires les forçant à s'éloigner, il éprouva quelque répit; il lui sembla qu'on lui enlevait un poids qui l'étouffait. Quand ils furent sortis, il se crut débarrassé d'un affreux cauchemar.

Ce moment de calme fut court; il retomba bientôt dans cet état rêveur où il était le matin; et les diverses circonstances qui l'avaient frappé depuis son arrivée à Paris, les discussions qu'il avait eues, celles qu'il venait d'entendre, se représentèrent à son esprit, et comme une lanterne magique repassèrent devant ses yeux.

Lancé sur l'Océan de ses souvenirs, ballotté dans le vague de ses pensées, il se croyait tantôt en présence du ministre, disputant sur les prohibitions, puis sur la guerre, puis sur la liberté; après il se trouvait aux prises avec le commissaire; ensuite il s'en prenait de nouveau aux députés, à M. Narcisse, au médecin, au public; c'était un chaos d'idées, un *pasticio* de sensations passées et de visions présentes.

Pour l'instant il était aux journées de juillet, occupé à chercher dans une cave et même au dessous, quelque trou bien profond où le bruit du canon ne pût arriver jusqu'à son oreille. L'ayant trouvé, après y être resté trois jours et trois nuits, il se voyait remontant par le soupirail et regardant en tremblant ce qui se passait dans la rue.

Pendant que la tête à demi dehors, il hésitait à sortir, arrivaient un maire et un adjoint en écharpe tricolore qui lui présentaient la croix de juillet. A cette vue il rentrait dans son asile comme un grillon qui a reconnu le marmot qui le guette; mais l'adjoint l'attrapant par la tête et le tirant dans la rue, le décorait bon gré malgré, à l'aide de deux sergens de ville. Alors il se fâchait, il apostrophait le maire et l'adjoint, et il leur disait qu'il ne voulait pas la décoration parce qu'il ne l'avait pas gagnée, et que l'eût-il gagnée il n'en voudrait pas davantage.

« Ces distinctions que vous donnez à la suite des

guerres civiles, disait-il, sont des brevets pour être pendus s'il y a réaction. Elles entretiennent la division, elles vous signalent à la haine des partis, elles vous font perdre vos pratiques et quelquefois vos amis.

« Ainsi, gens du pouvoir, profitez d'une révolution dans l'intérêt des masses, mais pour leur santé comme pour la vôtre, n'en poussez pas moins dehors les révolutionnaires. Si vous les récompensez vous travaillez contre vous-même, et vous placez la mine sous l'édifice que vous fondez.

« Donner des pensions aux Vendéens fut impolitique, et vous en avez eu la preuve ; les Vendéens ont repris les armes pour avoir encore des pensions ou défendre celles qu'ils avaient. Accorder des croix aux vainqueurs de juillet ne fut pas plus sage, car elles ont fait les fusillades de juin. Il fallait dire à tous ces gens-là : Héros ou non, vous vous êtes battus pour vous ou pour nous. Si c'est pour vous, nous ne vous devons rien ; si c'est pour nous, vous en profitez avec nous.

« Quant aux conquérans du fort Saint-Antoine que vous venez de ressusciter à leur grand étonnement et au nôtre, au lieu de leur voter de l'argent vous auriez dû leur donner le fouet, savoir : aux trois quarts pour avoir menti, car ils n'y étaient pas, et à l'autre quart pour avoir dit vrai, car il n'est permis à personne de mettre la main sur ce qui appartient à tous. D'ailleurs, prison ou non, les murailles sont toujours innocentes, et les rendre responsables est aussi logique que l'action de l'animal qui mord le bâton qui l'a frappé.

« Ensuite, quand vous célébrez ceux qui vous ont débarrassé d'une geôle, vous proposez, pour la plus grande gloire de la liberté, d'emprisonner Paris tout entier. »

Ici le malheureux cessait son marmotage ; on n'entendait plus que soupirs. Cette mesure qu'il ne comprenait pas, mais qui blessait ses idées financières et civiques, lui serrant le cœur comme une tenaille, il n'avait plus ni langue ni voix.

Tout à coup il se voyait au milieu de la place publique, comme au jour de l'exécution. Là, retrouvant la parole et s'adressant à la foule des badauds, il s'écriait en idée : « Hélas ! hélas ! hélas ! ils vont vous mettre la pioche à la main pour vous faire ravager le sol où vous plantez vos carottes. Quand tout sera pioché, muré, mastiqué à grands frais, quand ils vous auront coupé l'air et l'eau, ils nommeront cela : Bastions, glacis, demi-lunes, ouvrages à corne, casemate, chemin couvert, etc. Moi qui m'y connais, je l'appellerai un sac pour vous mettre la tête. Vous avez lu, si vous savez lire, combien l'Europe était heureuse quand toutes les villes, bourgs, villages et hameaux étaient autant de forteresses, et lorsque le plus petit castel, orné et lampassé de tours et de meurtrières, avait aussi ses oubliettes pour y mettre les vilains qui faisaient les méchans : eh bien ! si vous avez lu cela, vous pouvez en conclure qu'il n'y aurait jamais eu ni serf, ni féodalité, s'il n'y avait pas eu de châteaux forts.

« Les murailles, souvent cause d'attaque et rarement moyen de défense, servent bien moins contre ceux qui sont dehors que ceux qui sont dedans. Les véritables fortifications d'une ville, les bastions les plus sûrs, les plus solides, sont les poitrines de ses habitans. Mais dès qu'entourés de murs, il y a des soldats sur ces murs, il n'y a plus de citoyens dans la ville, et les soldats ne la sauvent pas.

« Je vous le demande : dans toutes les guerres que vous avez subies depuis quarante ans, quelles sont les murailles qui ont jamais arrêté une armée ? et dans les deux invasions que vous a values l'ambition d'un seul, à quoi ont-elles servi où vous en avez eues , si ce n'est à vous faire brûler , piller et écorcher un peu mieux ?

«Croyez-moi, bourgeois mes confrères, et j'en sais quelque chose, car j'ai été caporal, vous avez été pris non pas faute de murailles, mais parce que découragés par le despotisme, désunis par les factions, vous avez manqué d'accord et de patriotisme. Si chacun de vous eût défendu sa maison, comme vous l'avez fait dans une autre circonstance, tous les Russes, Cosaques, Prussiens et Autrichiens du monde ne seraient venus que pour engraisser vos choux; il n'y avait pas besoin de remparts pour cela.

Mais si vous en aviez eus et qu'ils les eussent pris, qu'en serait-il arrivé? ils y seraient restés. Pensez-vous que les Anglais seraient encore à Gibraltar s'il n'y avait pas eu de murs! or voilà une fortification bien utile à l'Espagne. N'en établissez donc jamais chez vous, ni vous non plus, Russes, Autrichiens, Cosaques; quand on vous réclamera de l'argent pour cela, demandez d'abord qu'on vous représente la lettre de cachet qui vous condamne à une prison perpétuelle. Si on vous la montre, demandez encore en quel pays on fait payer au prisonnier la façon des menottes?

« Si on ne vous réclame plus rien, si l'on a trouvé une mine d'or, suppliez humblement qu'on l'emploie à faire des écoles, des ateliers; et si vous êtes de Paris, demandez qu'elle serve à racheter les anciens départemens, vos vieilles limites naturelles, qui formeront une bien meilleure barrière que des monceaux de briques, et qui coûteront beaucoup moins.

« Si ces raisons ne font rien sur MM. les entrepreneurs, charpentiers et maçons, s'ils vous disent : Laissez-vous donc faire, c'est pour votre santé, cela empêchera le vent de passer pendant l'hiver et vous garantira des mouches pendant l'été. Et puis l'agrément que vous aurez! et puis l'ornement! Voyez les beaux moëllons, voyez le bon mortier, voyez les belles serrures! Quand vous aurez tout vu, ne vous décidez pas encore, mais prenez la diligence et allez passer quelques jours à Neuf-Brisach, à Schelestadt, à Béfort, à Huningue, ou toute autre ville jouissant de l'avantage d'avoir des murailles : alors si vous n'êtes ni la femme ni la fille du commandant ou tout au moins son adjudant ou son caniche, vous me direz la satisfaction que vous y trouverez; et cela en temps de paix, car en temps de guerre, vous aurez à y ajouter les bombes, les boulets, la famine et la peste. »

Ici la conscience de son état revenant à l'infortuné, il s'écria, saisi de douleur : « Mes amis, qu'on me porte dehors, car je veux mourir libre. »

Pour réponse il croyait entendre une voix goguenarde qui en guise de consolation lui disait : Mais, mon cher monsieur, vous vous battez ici contre des moulins à vent. Ne voyez-vous pas que l'esprit de parti s'est mêlé de cette question comme de toutes les autres? N'allez-vous pas nous dire aussi que c'est pour établir la tyrannie, enchaîner, museler la France qu'on veut fortifier Paris, et qu'aussitôt la muraille achevée on liera tous les Parisiens par grosses et paquets, pour les vendre aux colons de la Guadeloupe et de la Martinique, qui en ont besoin pour faire du sucre! Ah! mon brave homme, nous prenez-vous donc pour des ânes? Faut-il faire tant de vacarme pour cinq taupinières qui n'arrêteront pas plus ceux qui entrent que ceux qui sortent. Ne voyez-vous pas que c'est une amusette pour occuper les mendians et exercer les ingénieurs? Laissez-les donc remuer de la terre puisqu'il faut qu'ils en remuent; pendant qu'ils feront cela ils ne feront pas pis, et bénissez Dieu qu'ils n'aient pas eu l'idée de faire de votre vignoble une tête de pont, et de votre pressoir un four à boulet.

Cette image ne fit qu'accroître la terreur du pauvre industriel; il soupira si fort que la garde effrayée s'approcha du lit. Mais déjà la scène était changée, et une vision plus effroyable le tenait immobile et glacé. Tous les grands mots de médecine du républicain et de la vicomtesse lui revenaient en tête. Comme Daniel dans la fausse aux lions, il se voyait entouré de dix docteurs armés de griffes et de dents, et qui voulaient lui faire l'opération césarienne.

Tandis qu'ils affilaient les scalpels, lui, blêmissant tel qu'un mouton sous le couteau, demandait s'il mourait plus de monde dans les pays où il y avait des médecins que dans ceux où il n'y en avait pas?

A ces paroles, un vénérable doyen lui répondait en grec que personne ne mourait dans les lieux où il y avait des médecins pour tout le monde; que s'il y avait quelques exceptions à cette règle générale, c'était par suite de la malice des malades, qui ne voulaient rien faire de ce qu'on leur prescrivait : car, disait ce savant professeur, si l'on a pu prolonger la vie d'un seul individu, ne fût-ce que d'une heure, pourquoi n'arriverait-on pas à la prolonger de deux, puis de trois et enfin d'une manière indéfinie à quiconque s'y prêterait?

Qu'est-ce qui amène la décomposition du corps? c'est celle des humeurs ou celle du sang; eh bien! les humeurs on les évacue, et quant au sang on le transfuse; il suffit de s'y prendre convenablement et de trouver des amateurs. Déjà quelques expériences faites en Angleterre par MM. Milne Edwards, Blundel,

Walter, etc., ont mis sur la voie, et une femme en couche, dont la mort paraissait certaine par suite d'hémorragie, a été sauvée par la transfusion. Rapportez-vous-en donc à la science, car avec elle on arrive à tout.

Sans doute, répondait la même voix goguenarde, et, outre la science, n'avons nous pas le hazard? nous lui devons les plus belles découvertes, probablement nous lui en devrons encore, et un scieur de long en fendant une bûche rencontrera un jour la quadrature du cercle; la panacée universelle est peut-être dans la boutique de la marchande d'herbe du coin. Tout existe dans l'univers, il ne s'agit que de mettre la main dessus, et l'on a pour cela ceux qui cherchent et ceux qui trouvent.

« Vous trouverez toujours, reprit ici M. Christophe, dès que vous ne vous écarterez plus de la nature et de la raison. La vraie médecine, la médecine qui guérit est simple, et vous sauverez plutôt un homme en l'exposant une heure à un air pur, en le réchauffant à un rayon de soleil, en le rafraîchissant à une eau limpide, qu'en le déchiquetant à coups de lancettes ou en le noyant de drogues.

« Et le traitement moral auquel vous ne pensez jamais! Un conseil, une consolation valent dix linimens et cent emplâtres. Voilà pourquoi je voudrais qu'on fît faire un cours de médecine à tous nos jeunes prêtres, afin qu'ils pussent traiter en même temps l'ame et le corps. »

Et, par compensation, ajoutait la voix, nous ferions dire la messe aux médecins : ce serait un beau spectacle que M*** et M*** en chasuble et l'ensensoir à la main ; il y aurait certainement plus de monde à leur office qu'à leur cours.

Nous avons déjà eu l'occasion de remarquer que M. Cristophe en bonne santé n'aimait pas la plaisanterie. Malade, il n'était pas plus endurant, aussi se fâcha-t-il tout rouge à ce quolibet de la vision. Mais bientôt il ne se souvint plus contre qui il était en colère, et faute de mieux, il s'en prit à je ne sais quel économiste qui déraisonnait sur la question du salaire et disait :

Puisque c'est pour le salaire qu'on fait la besogne bonne ou mauvaise, on est toujours à la solde de quelqu'un ou de quelque chose, et la différence d'être libre ou de ne l'être pas, c'est d'être ou n'être pas payé. C'est donc le salaire qui fait le droit et la liberté. Après l'esclavage est venu le servage, après le servage le salaire, après le salaire que viendra-t-il ?

« Mais, répondait le vigneron, le salaire viendra toujours tant que les uns auront ce que les autres n'auront pas.

— Et combien durera cette différence d'avoir?

« Elle durera tant qu'il y aura des passions diverses parmi les hommes; tant que les uns seront économes et les autres dépensiers. Elle durera encore tant que chacun ne saura pas tout faire, ou bien encore le sachant, qu'il ne le voudra pas. Il n'est aucun homme qui ne soit de fait à la solde d'un autre. Ensuite est-ce le cordonnier qui est à la solde de sa pratique, ou la pratique à la solde du cordonnier? c'est une question à examiner. Sans doute, le cordonnier n'aurait point d'argent si la pratique ne lui en donnait point, mais elle n'aurait point de souliers si le cordonnier n'en voulait pas faire. Et quel est le meilleur de l'argent ou des souliers, et le plus honnête de posséder l'un ou de savoir faire l'autre? C'est ce que je vous prierai de me dire. » Et là dessus il tomba sur l'impôt et la marchandise.

Jusqu'à ce moment, il n'avait fait que déraisonner à demi voix. Mais ici c'était sa marotte qu'il ressaisissait. A l'exaltation de ses idées se joignant le délire de la fièvre, il se crut encore dans le cabinet du ministre, et se mit à déclamer à tue-tête en s'adressant à la vieille portière, qui, ébahie, ouvrit de grands yeux.

« Oui, je le répète à votre excellence, s'écriait-il, la part d'impôt qui tombe sur le pauvre est trop forte; imposez le luxe, il n'y en aura pas moins, et en diminuant le tarif sur le sel gris, augmentez-le sur le sel blanc.

« Elevez-le aussi sur le sucre blanc, les gants blancs, les souliers blancs, bref sur tout ce qui tient au caprice et à la mode, aux besoins de convention, ou d'amour-propre, enfin aux délicatesses de la vie du riche, et non aux nécessités de celle du pauvre, qui doit avoir, au moindre prix possible, son pain bis et ses galoches de bois. »

— « Que Dieu vous entende, mon digne homme, s'écria la portière: je vois, quoi qu'en dise madame, que vous n'êtes pas un huguenot. »

— « Maintenez aussi, continua le malade, les droits sur le tabac. A quoi sert le tabac? c'est une drogue inutile, et l'ouvrier emploierait mieux son salaire à tout autre chose. Ensuite c'est du terrain enlevé à l'agriculture; ajoutez l'abrutissement qu'il cause. »

— « Pour cela non, dit la portière, en prenant une prise, le tabac est salutaire aux pauvres gens. »

Le vigneron n'entendit pas cette conclusion de la vieille, pas plus qu'il n'avait entendu la première. Il en était maintenant sur les exportations. Il comparait la position de la France avec celle de l'Angleterre. Oubliant qu'il avait dit précédemment que leurs intérêts étaient les mêmes, il y voyait aujourd'hui quelque différence. « Les Anglais, disait-il, consomment un cinquième de leur fabrication, et exportent quatre cinquièmes. La France au contraire consomme quatre cinquièmes et en exporte un. Il est donc utile en Angleterre de favoriser l'exportation au moyen de primes, et il est nuisible en France de le faire. En Angleterre vous servez l'habitant aux dépens de l'étranger, en France vous servez l'étranger aux dépens de l'habitant; si vous travailliez à diminuer le prix en France et non à l'étranger, la consommation augmenterait en France dans la même proportion qu'en Angleterre, où vingt-deux millions d'individus consomment plus de leurs produits que trente-deux millions de Français, et cela dans la mesure d'un à quatre.

Mais vous calculez si peu la suite des choses, vous êtes si légers, si inconstans dans vos décisions, qu'elles produisent presque toujours l'effet contraire à celui que vous attendez. Vous avez voulu avoir des moutons, vous avez fait votre tarif en conséquence. Eh bien! depuis que vous avez augmenté le droit sur les laines étrangères, sept millions de moutons ont disparu du sol Français. Pourquoi? Parce que le propriétaire, comme le manufacturier, frappé du peu de stabilité de votre législation, a craint que lorsqu'il aurait élevé ses brebis vous ne vouliez plus de sa laine : de manière qu'en faisant une loi en faveur des producteurs de moutons contre tous ceux qui vivent d'une autre industrie, vous vous trouvez avoir nui aux uns comme aux autres. En y ajoutant les animaux qui sont morts ou qui ne sont pas nés, calculez à combien d'individus vous avez causé préjudice, et dites maintenant que la majorité a toujours raison! »

A cela il s'imaginait que son excellence répondait : La majorité! y en a-t-il où les intérêts sont divisés? et comment voulez-vous trouver la vérité, ou du moins vous la faire dire, quand il s'agit de spéculations commerciales, agricoles et manufacturières? Chacun étant placé dans une des faces de la question, prend toujours son intérêt personnel pour celui des masses. Le négociant de Bordeaux voit la patrie dans le sucre des colonies, et le fabricant d'Arras dans celui de betteraves : en cela il n'y aurait que demi-mal si l'un ne voulait pas brûler tous nos vaisseaux pour qu'on n'allât plus aux colonies, et l'autre arracher toutes les betteraves pour qu'on n'allât pas ailleurs.

« Eh bien! répondait M. Christophe, je dirai au

négociant comme à l'agriculteur: On n'est plus au temps où l'on croyait que le commerce était incompatible avec la culture et l'industrie, et qu'un peuple ne pouvait être en même temps négociant, fabricant et agriculteur. La hauteur où sont en Angleterre l'industrie manufacturière et celle agricole, démontre que l'une et l'autre s'y protégent et s'y suivent, et que leurs progressions ont été à peu près égales. En France, l'ouvrier ne paie plus que vingt-cinq francs le vêtement qu'il payait cinquante, et cependant son pain et sa viande sont encore au même prix : l'industrie a donc avancé, et l'agriculture est restée en arrière. Alors à quoi ont servi les prohibitions en faveur de l'agriculture? à rien, à moins que rien, à nuire à l'agriculture; car voyez où vous en êtes et retenez bien ceci : Sept millions d'arpens en culture de froment peuvent nourrir trente millions d'individus. Pourquoi la France qui en a cinquante millions d'arpens ensemencés, et qui pourrait en avoir le triple, éprouve-t-elle des disettes? c'est que vous ne savez pas cultiver. Et si vous ne le savez pas après tant de dépenses faites pour vous l'apprendre, c'est que le moyen restrictif est mauvais, et que ce n'est pas avec le sabot à enrayer que vous ferez avancer la charrue.

Vous m'objecterez que les objets de consommation

sont en Angleterre plus chers qu'en France. Sans doute, mais cela tient à d'autres causes. » Il allait les dire, quand la portière se mit à ronfler, et le bonhomme s'imaginant que c'était Son Excellence qui lui répondait, se tut respectueusement, et son admiration devint d'autant plus grande qu'en écoutant mieux il comprenait moins.

Lorsque la vieille eut cessé son roupillement, M. Christophe pensa que monseigneur avait fini de parler, et il lui répondit à son tour. Il ne s'agissait plus d'industrie; de quoi s'agissait-il? On ne le sait trop, car il crut devoir employer la même langue qu'il attribuait à monseigneur, et elle était complètement inintelligible. Il aurait ainsi continué long-temps, si la garde, inquiète de ce glapissement bizarre s'adressant toujours à elle, n'eût voulu lui faire avaler un peu de la potion de la vicomtesse, potion qui vraisemblablement eût été la dernière, car l'honnête dame était ultrà en médecine comme en politique, et ses remèdes ne sentaient en rien la doctrine ou le juste-milieu.

Je ne sais si le malade prit le topique pour la soupe ministérielle, il n'en voulut pas tâter; mais cela changea encore le cours de ses idées, et lui en suggéra une qu'on n'aurait jamais pu lui supposer. Lui Christophe, cet éternel aboyeur contre tous les ministères passés, présens et futurs, ne s'avisa-t-il pas, en croyant disputer contre un ministre du jour, de prendre la défense des anciens? Là sa parole devint claire et nette, et on l'aurait entendu de cent pas.

« Il est, disait-il, des iniquités politiques que la nécessité peut excuser dans l'instant de crise, mais qu'on doit faire cesser dès que ce moment est passé. Par exemple, il n'y avait ni justice ni raison à condamner les derniers ministres de Charles X, et peut-être pas un des juges ne prononça la sentence avec conviction; mais tous voulaient les sauver et ils savaient que leur acquittement au milieu d'une tourbe insensée était leur arrêt de mort, et peut-être le début de la guerre civile. Si leur sentence ne fut point fondée en principe, elle eut, au moins, un motif de prudence et d'humanité. Or, à présent que nul ne songe à eux, ne devrait-on pas les mettre dehors? D'abord parce qu'il en coûte de l'argent pour les garder; ensuite parce que cela est juste. Je ne vois pas qu'ils aient fait pis que les autres. Ils ont commis une sottise, dira-t-on. Ah! s'ils n'en avaient commis qu'une, il faudrait leur élever une statue d'or et les porter en triomphe depuis Paris jusqu'à Moscow, pour l'édification de tous les administrateurs de l'Europe! Hélas! si l'on mettait en cage tous les hommes politiques qui, depuis vingt ans, n'ont fait que dix fautes, cette cage devrait être plus grande que l'arche de Noé.

«Mais vos ministres parisiens en eussent-ils fait vingt fois davantage, fussent-ils cent fois abusés, mille fois coupables; si le délit n'est pas prévu, s'il n'y a pas de peine applicable, vous n'avez rien à juger, rien à appliquer.

«Et, dans aucun cas, une responsabilité ne peut être double. Si vous la faites peser sur le maître, vous ne pouvez en même temps la faire tomber sur les valets. On ne paie pas une dette deux fois, et le créancier qui l'accepte ou la réclame, mériterait mieux la prison que son débiteur. Bref, mettez-moi de suite ces gens-là à la porte, et replacez au coffre les cent ou deux cent mille francs que vous avez portés au budget pour leur logement.»

« Quelle fièvre, s'écria la portière! s'il en revient, il lui en coûtera gros en quinquina! »

Cependant, fatigué de cette tempête d'idées, il s'endormit enfin. Il jouit de quelques heures d'un vrai sommeil, pendant lesquelles il fit un étrange rêve.

Il s'imaginait être de retour dans son pays et s'être mis sur les rangs pour la députation. Ses amis qui s'étaient chargés de la partie matérielle de cette affaire, avaient fait imprimer des lettres signées Cristophe, où il faisait sa profession de foi électorale, qui se trouvait justement le contraire de celle de sa conscience. On avait ajouté à ce factum bon nombre d'éloges qu'il se donnait à lui-même, et force injures et calomnies adressées à ses concurrens, qui lui répondaient en même langage, et en un format deux fois plus grand, et en horreurs trois fois plus grosses.

On était au coup de feu, c'est-à-dire dans la chaleur de l'élection. Ses partisans, qui dès le matin avaient couru de maison en maison, peroraient en ce moment les électeurs réunis; d'autres, aux portes de la ville, entraînaient au cabaret les arrivans, et à force d'eau-de-vie et de belles paroles leur faisaient accepter un bulletin, tout pensé, tout écrit, tout roulé.

Ceux sur qui l'esprit de vin et d'élection ne réussissaient pas, étaient mis entre les mains des hommes d'affaires, qui leur promettaient un procès et la perte de leur ferme s'ils votaient autrement qu'eux.

Bref, tous les moyens classiques et importés d'Angleterre pour l'indépendance des votes et le choix légal, ducment mis en usage, le vigneron était élu à une grande majorité, et ses électeurs lui remettaient bien proprement marqués, numérotés et apostillés, quatre ballots de pétitions, par lesquelles ils demandaient 454 places, depuis celle de garde-champêtre jusqu'à celle de pair de France. Or, 454 places en faisaient juste deux par électeur; on ne pouvait pas être plus discret; mais c'était un rêve, comme nous venons de le dire.

M. Cristophe était arrivé à Paris; il avait été admis sans réclamation, et une demi-douzaine de ses collègues, grands partisans de la liberté, s'étaient emparés de lui, l'avaient jeté sur un banc, et là, le faisaient se lever, s'asseoir, approuver, désapprouver, mettre une boule blanche ou noire, sans qu'il lui fût possible de résister à l'influence mécanique qu'ils exerçaient sur lui; il lui semblait être là comme le pilon d'un mortier que fait agir une pompe à vapeur, ou bien encore comme le mercure du baromètre qui monte ou descend selon la température.

Enfin, frappé d'un discours qui lui semblait blesser l'ordre public, la morale et le goût, il veut parler contre; mais, par je ne sais quel enchantement, toutes ses paroles prenaient un sens opposé à celui qu'il voulait leur donner, et, à la fin de son improvisation, il avait dit pis que son adversaire et voté comme lui.

La séance close, un valet en livrée lui apportait, sur beau papier rose, une invitation pour se couper la gorge le lendemain. C'était un défi, de la part d'un de ses collègues qui s'était vu insulté dans la personne du budget. M. Cristophe acceptait.

On était au lendemain matin, il s'était rendu sur le terrain, il venait d'essuyer le feu de son adversaire, on les séparait et on le faisait consentir à la paix, au moyen de la rétractation d'un mot qu'il n'avait pas dit. Cela fait, il allait dîner chez son généreux rival où il gagnait une indigestion...........

....

....

La session était finie. Sur quatre mois qu'elle avait duré, M. Cristophe en avait passé trois dans les antichambres; et cependant, sur les 454 places demandées, il n'en avait obtenu que 269, de façon que tous ceux qui n'en avaient pas eu, et même une partie de ceux qui n'en avaient eu qu'une, lui préparaient un charivari.

Il venait de le recevoir et se croyait quitte pour six mois de la députation et de ses suites, lorsqu'il voyait entrer une figure qu'il aurait prise pour lui-même si l'on pouvait être double; ladite figure l'apostrophait ainsi :

« En vérité, monsieur Cristophe, nous avons cru choisir un député, et nous n'avons pris qu'un mannequin, et un méchant mannequin. Comment avez-vous rempli votre mandat? Comment vous êtes-vous montré à la tribune? Comment n'avez-vous pas senti l'inconvenance d'y paraître avec toutes vos faiblesses, toutes vos passions? Est-ce l'intérêt du pays que vous aviez à défendre ou celui de quelques drôles, vos cousins ou vos pratiques? Est-ce un marchand de vin que nous avons voulu ou bien un législateur?

« Si c'est l'homme de la France, pourquoi dans vos paroles, dans vos actions, n'ai-je jamais vu que M. Cristophe? Quoi! vous avez injurié l'un de vos collègues, ou vous vous en êtes cru injurié! vous avez porté ou accepté un défi, et vous vous êtes armé de fer et de feu. Et pourquoi? pour venger votre honneur. Qu'est-ce à dire, monsieur Cristophe? et qu'a donc à faire ici votre mince individu? Lorsqu'on attaquera l'honneur de votre patrie, de votre département, de votre ville, défendez-les; mais quant au vôtre, mon petit monsieur, qui s'en soucie? Que nous importe, à nous, qu'on vous insulte, pourvu qu'on nous respecte! Est-ce pour tuer ou être tué, que nous vous avons délégué? Est-ce un exécuteur ou un cadavre, que nous avons demandé? Êtes-vous votre homme ou le nôtre?

« En disposant ainsi de vous et d'un autre, sans l'attache de vos commettans, contre le pacte conclu, la foi jurée ; en portant le poing où la raison seule doit paraître, vous avez fait une haute inconséquence et même un acte patent d'improbité, bref, une très méchante et déloyale action; vous êtes pis qu'un bourreau et un voleur, car vous êtes un traître, un assassin, un mauvais français. »

A cette verte morale que semblait lui faire un autre lui-même, l'infortuné vigneron restait comme anéanti. Cependant, après maint et maint soupirs, il semblait revenir à lui, et modeste et timide, il répondait : « Monsieur et cher commettant, c'est à tort que vous m'accusez d'assassinat, je n'en suis coupable ni de fait ni d'intention, et mon cœur comme ma main sont purs de sang. S'il est quelque héros parmi nous, cela se borne à un ou deux, parce que c'est leur état. Quant aux autres, gardez-vous de les soupçonner, et sachez que ces défis, ces rencontres, ces combats à outrance, ne coûtent absolument que la poudre et l'encre, et ne causent la mort que de quelques volailles immolées au déjeûner conciliateur. Voilà, mon cher commettant, voilà pourquoi tant de douces et pacifiques créatures, qui n'ont jamais vu sans frissonner un pistolet, un sabre ou une épée, passent aujourd'hui pour des lions et des tigres. Hélas! les honnêtes gens, s'ils sont coupables, ce n'est que d'une faiblesse et de s'être laissé tenter, bref, de n'avoir pu résister au bon marché. Quand la gloire est pour rien, lorsqu'on peut en une demi-heure et avec six sous de noir d'imprimerie, devenir un Ajax ou un Hector, qui voulez-vous qui se refuse cette petite douceur? Quant à moi, je ne sais si le diable m'a affolé ou s'il a pris malignement ma figure, mais il paraît que j'ai fait comme les autres.

« Or, si vous voulez savoir comment les autres font, comment la bravoure leur vient, demandez-le aux témoins. Ils vous diront que tout cela s'obtient par une assurance mutuelle, qui vaut celle du Phénix pour le moins, et par un diplôme qu'après la promenade et le déjeûner on se délivre réciproquement avec paraphe et signature, le tout pour être inséré dans le plus prochain journal, à 30 sous par ligne : donc, mon cher monsieur, il est clair que pour mener à fin tous ces duels, il suffirait que MM. les imprimeurs eussent l'humanité de mettre simplement l'argent dans leur poche et de ne parler de rien. A l'instant même chacun rengaînerait son glaive, déposerait ses pistolets, n'emploierait plus sa poudre qu'à tirer sur les lièvres, et l'on éviterait ainsi les accidens qui, tôt ou tard, arriveront aux maladroits qui jouent avec des armes. »

Son impitoyable Sosie le ramenant à la question, lui ripostait : « Monsieur Cristophe, il ne s'agit point ici de vos dandys, laissez-les se divertir comme ils l'entendent et se battre du matin au soir, puisque cela ne fait de mal à personne; je vous parle de la Chambre et de la manière dont chacun y remplit son devoir. Si j'étais député, monsieur Cristophe, la première loi que je proposerais serait contre les députés, et elle serait sévère; quand un intrigant joue pour une place ou de l'or le repos du pays, il doit pour enjeu mettre sa tête.

« A l'expiration de son mandat, chaque député passerait au jury des électeurs, et toutes les peines pourraient lui être appliquées, depuis le simple blâme jusqu'à 20 ans de fers; et certes, monsieur Cristophe, vous les méritez mieux que les trois quarts de ceux qui y sont, et je vote qu'on vous accroche au lustre de la chambre, où vous resterez pendu toute la session, pour l'effroi des députations présentes et futures. »

A cette terrible menace, le malheureux poussa un

cri de détresse; la garde courut pour savoir ce qu'il avait. Elle le trouva baigné de sueur. « Oui, mes chers compatriotes, s'écriait-il, mettez-moi aux galères, oui, je l'ai mérité, mais faites-moi grâce de la marque! »

La vieille vit bien qu'il avait le délire; pour calmer ses esprits, elle lui bassina les tempes avec un peu d'eau fraîche, et le bonhomme lui demanda d'une voix lamentable s'il était vrai qu'il fût député?

Croyant flatter sa fantaisie, elle lui répondit affirmativement, et il se mit à fondre en larmes.

Dans ce moment minuit sonna. C'est l'heure où la fièvre a toujours plus d'action sur les habitans de ce monde et de l'autre. Ses divagations prirent un caractère plus sombre, et il commença à gesticuler et à se démener dans son lit, comme il le faisait dans son cabriolet au jour de sa grande affaire contre la régie.

Ces mouvemens frénétiques excitant ses esprits, toute la querelle du républicain et de la dame ultra lui revint en mémoire; il les voyait devant lui enragés comme la veille. Bientôt, s'imaginant qu'ils allaient se dévorer, il se mit charitablement à les haranguer; mais plus il leur prêchait la paix, plus ils devenaient furieux. Leurs cris d'hyène l'étourdissaient, le déchiraient. Enfin, n'en pouvant plus, il commença à prier Dieu qu'il voulût bien avoir pitié d'eux et de lui.

A peine avait-il fait cette prière, que les combattans se jetèrent sur lui. Ah! méchant! ah! scélérat! criaient-ils, tu pries Dieu pour nous!!.. et, ramassant des pavés, ils lapidaient le malavisé dévot, qui tombait sans connaissance au coin d'une borne.

Là, étendu, il se voyait entouré d'une foule curieuse qui, après l'avoir dépouillé, discutait sur la nature de sa peau. Dans le groupe examinateur, il apercevait le comédien qu'il avait enterré, le souffleur, les deux médecins, la vicomtesse, le contrôleur, le commissaire, et ce méchant électeur qui lui avait dit tant d'injures. Il en distinguait encore d'autres, qu'il ne reconnaissait pas.

— Quelle espèce de reptile est-ce là, demandait le souffleur, est-ce chair ou poisson? — Ni l'un ni l'autre, disait le vice-président; ne voyez-vous pas que c'est un député ventru, une bête immonde? — Bah! reprenait le médecin, c'est un animal anté-diluvien, un voltigeur de Louis XIV, je le vois à ses ailes de pigeon.

— Jésus, s'écriait la dame, c'est l'antéchrist; ce

que vous prenez pour des ailes, ce sont des cornes, touchez plutôt son pied fourchu. — Non, ajoutait le docteur, c'est le vrai surmulet des anciens. — Vous voulez dire le vrai républicain, s'écriait le commissaire. Oui, c'est un Romain de race pure, un enfant de la sainte montagne, je l'ai aperçu cent fois aux jacobins. D'ailleurs, on le reconnaît de reste à ses diatribes sur les rois et les reines, et s'il crie un peu contre les clubistes de 1834, c'est de rage de n'avoir pas été nommé président, mais dans son cœur il les chérit comme ses nourrissons ; son vieux vin est toujours à leur service.

— Croyez cela, disait le comédien, vous tirerez plutôt du vin d'une solive que de la cave de ce négociant de malheur. C'est un coquin d'accapareur et un avaricieux, qui m'a battu parce que je lui avais bu un quartaut qu'il laissait moisir.

— Un négociant! reprit une manière d'élégant qui avait l'air d'un voyageur de commerce, qu'est-ce qu'il vend? où est sa boîte d'échantillons? Je mettrais ma main au feu que ce n'est ni un véritable vigneron ni un légitime marchand de vin ; c'est plutôt quelque cuistre de bureau, quelque meurt-de-faim, quelque rat d'administration, qui vole les plumes et l'encre du gouvernement pour faire de l'esprit.

— Oui, c'est un Guizotin, répondait un autre passant. — Pis que cela, criait un troisième, c'est un vampire du budget, ils vont le faire sous-préfet; gare à vous, car ils sont tous mouchards.

— Sous-préfet! ajoutait le premier, ils n'ont garde; c'est un gentilhomme: ne le voyez-vous pas à l'éloge qu'il vous fait des nobles; et puis, regardez sa couleur : n'a-t-il pas la peau blanche, une chemise blanche, et tout-à-l'heure encore il parlait de vin blanc. Mais je le reconnais, le scélérat. Ah! monstre, c'est toi qui voudrais lâcher le Polignac, pour qu'il nous dévore. Ne sais-tu pas, brigand, qu'il a inventé une machine infernale pour faire sauter la nation?

— C'est un St.-Simonien, disait un quatrième. — Eh! non, c'est un calotin, s'écriait une espèce d'amazone qui vendait du poisson frit. C'est un jésuite, et c'est pour le pape qu'il embauche. Preuve, c'est qu'il marmotte des orémus du matin au soir.

— J'aimerais mieux mille fois qu'il fût jésuite, disait le jeune docteur; mais non, c'est un de ces agioteurs qui, crainte de voir baisser la rente, nous empêchent d'aller aider les braves Polonais à délivrer du joug de l'Autriche les infortunés Italiens. Oui, c'est lui, le lâche, qui a détourné la Chambre de déclarer la guerre à la Savoie.

— Et pourquoi? parce que c'est un brigand vendéen, répliquait l'héroïne : il a tué vingt gendarmes. — Ah ! c'est un saint, disait une portière, laissez-moi lui arracher une dent, pour faire une relique ? »

Et là dessus, chaque définisseur prétendant avoir raison, élevait la voix pour l'assurer et le poing pour le prouver; de façon qu'au lieu de deux individus se querellant, il s'en trouva trente, qui, chacun dans son langage, hurlaient : — A bas l'ultra ! au pilori le doctrinaire ! à la lanterne l'aristocrate ! à l'eau le jacobin ! aux galères le vendéen, le ministériel, le républicain, l'ultramontain, le légitimiste, l'absolutiste, le carliste, l'henriquinquiste ! etc.; et tous se poussaient, se bousculaient, passaient et repassaient sur le corps du malheureux qui leur criait : « Je ne suis rien de tout cela, mes bons, mes chers amis, et, pour Dieu, marchez par terre. »

— Tu n'es rien de tout cela, répondait la troupe : imbécile, ne faut-il pas être quelque chose?

— « Hélas ! disait le pauvre martyr, ne peut-on être quelque chose sans être rien de ce que vous dites ? ou plutôt, tous ceux que vous dites sont-ils quelque chose? Vous parlez comme le savant qui était là tout-à-l'heure, et qui prétendait qu'il faut avoir une maladie et qu'on n'est rien quand on n'est pas malade. Moi je vous dis, à lui et à vous, qu'il est des gens en bonne santé.

— Eh bien! les gens en bonne santé n'ont-ils pas des couleurs?

— Chers concitoyens, ce que vous appelez couleurs ne sont peut-être que des maladies. Voulez-vous donc absolument avoir chacun la vôtre?

— Nous ne voulons point être malades, crièrent-ils tous...

— Alors, continua le pauvre homme, pourquoi en prenez-vous le titre, ou vous le laissez-vous donner? Si vous n'avez pas la fièvre, il ne faut pas vous appeler fiévreux. Les mots influent plus que vous ne pensez sur les choses; il est des gens qui sont restés niais toute leur vie, parce que leurs parrains les avaient baptisés Claude ou Jeannot. Et si chez vous il en était de même; si les couleurs, si les noms dont on vous a affublés avaient grandement contribué à vous abêtir; s'ils vous avaient fait le contraire de ce que vous êtes par loi de nature; si vous étiez Jean tandis que vous vous faites appeler Toinette, quelle étrange confusion n'en résulterait-il pas, et que gagneriez-vous à rester ainsi travestis ? Or, croyez-moi, avant de dire comment vous vous nommez, tâchez de savoir ce que vous êtes ; et si vous avez deux jambes, ne marchez pas à quatre pates; soyez hommes, puisque Dieu vous a fait hommes. »

Là dessus, un des individus présens, se dressant sur ses pieds, après avoir secoué la boue qui le couvrait, se mit à traverser la rue; mais les autres lui crièrent : — Ne vois-tu pas, grand étourdi, que tu vas casser les reverbères avec ton nez, et abattre nos enseignes? » Mais cet homme, apercevant les reverbères et les enseignes à plus de vingt pieds au dessus de sa tête, n'en continuait pas moins sa course.

Bientôt un autre voulut marcher aussi, puis un troisième et un quatrième, et tous faisaient ainsi bonne route sans se blesser la tête et sans casser ni réverbère ni enseigne; et M. Cristophe se réjouissait de ce spectacle.

Mais tout-à-coup arrivèrent du Nord trois personnages, ayant chacun sur leur perruque une couronne de plomb, et à la main un éteignoir en guise de sceptre. Ils étaient suivis d'une grande troupe de gens à habits brodés, et ces derniers leur montraient les individus qui marchaient. Les trois personnages, après s'être consultés, étendaient leur sceptre, et tous les hommes levés se rejetaient à plat ventre, et M. Cristophe avec eux; et un beau docteur lui montait sur le dos pour chanter le *Te Deum*.

La cérémonie terminée, la troupe dorée disait *Amen*.

Ici, M. Cristophe entendit un grand bruit de tambours et de trompettes, et il vit défiler en bon ordre un gros bataillon avec musique en tête. Il demanda à un sergent où il allait? Tuer des hommes, lui répondit le sergent. — Et pourquoi, dit M. Cristophe? — Je n'en sais rien, reprit l'autre. » Et la musique commença à jouer des airs patriotiques, et le peuple à pousser des cris de joie.

Au lieu de se sentir pénétré d'enthousiasme, le triste industriel s'essuyait le front et criait à l'armée qui défilait : « Allez, enfans de la patrie, allez tuer des hommes; mais, quand ils seront tués, mangez-les, bêtes enragées, sinon je dirai que vous êtes plus fous que les loups et plus méchans qu'eux, car ils ne s'égorgent pas entre loups, et s'ils tuent des moutons, c'est quand ils ont faim. Et vous, massacrant des hommes pour les enterrer, vous vous faites bourreaux afin de devenir fossoyeurs. »

— Ne vois-tu pas, pleurard, lui dit un superbe

capitaine, que nous allons nous battre pour notre roi bien-aimé, qui désire ajouter à son empire ces trois champs de pommes-de-terre que tu aperçois là-bas. — Ah! dit M. Cristophe, c'est sans doute pour vous donner la récolte. — Point du tout, reprit le capitaine, il la mangera tout seul. — Il a donc bien grand appétit? — Nullement, il ne pèse pas trois onces, mais il ne veut pas que les autres la mangent. — C'est peut-être de peur que vous n'ayez une indigestion. — Indigestion! nous ne dînons pas tous les huit jours. — C'est drôle, dit encore M. Cristophe : les loups qui ont faim se battent-ils jamais pour qu'un d'entr'eux puisse manger à lui tout seul le quart de tous les moutons? »

— Mais, ne sommes-nous pas les sujets de notre gracieux souverain? — Sans doute, cria le vigneron, car vous l'êtes de tout le monde et de votre sottise avant tout. — Et la gloire, la comptes-tu pour rien? — Pour rien, dit M. Cristophe. — Et la patrie et l'honneur? — Fadaises, dit-il encore.

— Ah! misérable, s'écrièrent à la fois le peuple et l'armée, appeler fadaises la patrie, la gloire! Les plus beaux sentimens qui puissent enflammer le cœur ne sont rien pour toi! Ah! tu es la honte de l'humanité! » Et le peuple entier le couvrant d'un regard de mépris, prononçait : Qu'on apprête les crocs et qu'on le traîne.

— « Une minute, répondait le condamné, vous aurez toujours le temps. Avant tout, expliquez-moi comment la patrie est la patrie? comment la gloire est la gloire? et quel rapport il y a entre la gloire, la patrie et l'action de tuer ou de se faire tuer? Car, s'il est honorable de tuer, c'est probablement la bête féroce. Et quelle est la bête, de votre frère ou vous? La gloire, ici, ne peut être pour tous les deux; dans tout procès, si l'un a raison, l'autre a tort; si l'un a la gloire, il faut que l'autre ait la honte. Et cependant, le roi de Narzapoor dit à son sujet : « Gloire et patrie; » et l'empereur de Raspenbourg dit au sien : « Patrie et gloire; » et voilà le Narzapoorien et le Raspenbourgeois qui se ruent l'un sur l'autre, et ils se tuent tous les deux. Et les monarques, se frottant les mains répètent : « Gloire et patrie! »

« Quant à vous qu'on enterre, je vous demanderai qu'y avez-vous gagné? — L'honneur! — Quel honneur? — L'honneur de la patrie. — Qu'est-ce que la patrie? — Le lieu où l'on est né. — Mais, ne naît-on pas toujours quelque part, ou choisit-on le lieu où l'on doit naître? Et si cela est, où est encore l'honneur de tuer un homme, parce qu'il n'est pas né au même lieu que nous?

— Mais, un cœur reconnaissant doit aimer le sol qui l'a nourri.

— « Eh bien ! est-ce une raison pour haïr le sol qui en a nourri un autre? Aimez, chérissez votre pays, mais pour l'humanité entière, et non en haine de l'étranger. Nul ne gagne au mal d'autrui; le préjugé contraire a été un des plus funestes aux hommes. Ah ! ne voyez-vous pas que ces démarcations de frontières, que ces barrières dites nationales, que ces sentimens qualifiés civiques, ne signifient au fond que l'intérêt d'un seul et l'intérêt d'un despote ? Les antipathies de tradition, les rancunes héréditaires entretenues dans un but d'égoïsme et d'usurpation, n'ont pas eu d'autre origine que cet axiôme : « Diviser pour régner. » Et ce sont ces haines, ces préventions que vous appelez vos vertus et votre patrie.

« Le mot patrie a servi à masquer autant de crimes politiques que celui de religion. Si les hommes de tous les pays en étaient bien convaincus, il n'y aurait plus de guerre. Les droits de l'humanité sont partout les mêmes, et, quand deux peuples s'égorgent pour un trône ou un coin de terre, l'un des deux au moins est un peuple d'assassins.

« Mais, comme si ce n'était pas assez de vous décimer de peuple à peuple, vous, gens de la vieille Europe, parqués en royaume, vous vous divisez encore en factions; au lieu de vous réunir contre l'ogre, vous vous vautrez à ses pieds, vous vous hargnez comme des chiens, et cela pour un os; pour moins encore, pour un grain de poussière, pour une loque que vous appelez votre opinion, votre système; et n'êtes-vous donc pas las d'être des animaux et de passer votre vie la tête dans l'auge? Ah! levez donc une bonne fois les yeux au ciel; au lieu de chercher une conscience sous la férule de vos maîtres ou dans les poches de ses laquais, cherchez-la dans votre ame; lisez dans l'univers, dans l'immensité, là vous trouverez des idées qui mériteront d'être appelées libérales; là vous apprendrez qu'il n'y a pas deux natures, ni deux nations, ni deux catégories de raison; et que cette raison, toujours libre, inviolable, n'est justiciable que d'elle-même et responsable qu'envers Dieu. Alors, citoyens du monde, dignes du nom d'êtres pensans, vous serez de véritables patriotes et de légitimes enfans de la gloire.

« Maintenant, mes chers amis, que vous savez ce que c'est que l'honneur et l'humanité, apportez les crocs et traînez-moi. » Le bon peuple ne se le faisait pas dire deux fois, et le triste orateur se sentait charrié vers la rivière comme un cheval mort, et on chantait autour de lui : « Amour sacré de la patrie! »

Tout à coup le canon se prit à gronder, la mitraille frappe à tort et à travers, et M. Cristophe ne voit plus autour de lui qu'un hachis de populace. A cette vue, il se remit sur ses pieds, et blême de colère, il dit : « Va, imbécile peuple, tu n'as que ce que tu mérites. N'avais-tu pas assez de maux sans t'en créer dix fois plus que la nature ne t'en imposa, et de dix fois plus lourds, puisqu'ils sont honteux ? Aussi abruti, aussi esclave que cet âne aveugle attaché à la roue du moulin, tu ne sais ni où tu vas ni ce que tu fais ; et, plus inepte que lui, tu lèches ton mors avec amour et tu rues avec fureur sur ceux qui veulent te l'ôter. Va, misérable, tu ne sais ni vivre ni mourir. »

A cette exclamation et à la figure contractée du malade, la garde crut qu'il allait expirer. L'idée de le laisser mourir sans confession frappa la bonne femme, qui, à force d'entendre la vicomtesse, avait gagné ses scrupules. Elle se leva pour aller la prévenir de l'état des choses; mais en mettant le pied sur le seuil, elle se souvint que la charité de la dame ne dépassait jamais le coucher du soleil, et qu'elle avait défendu que sous aucun prétexte on troublât son repos de la nuit. La vieille se décida donc à courir à la sonnette de la paroisse.

Un jeune vicaire qui y était de veille, se hâta de la suivre.

Le charitable jeune homme s'approcha du lit du vigneron qui était retombé dans son assoupissement. Il entra en matière, en lui demandant, selon l'usage, des nouvelles de sa santé, ce à quoi le brave homme ne répondit rien. L'ecclésiastique lui rappela ensuite qu'on était mortel, et que même bien portant il était bon de se réconcilier avec Dieu. Il ne répliqua pas davantage. Le prêtre lui prit la main, lui fit faire le signe de la croix et se mit en devoir d'entendre sa confession. Le malade commença à ronfler, puis à geindre, et à marmotter à peu près dans les mêmes termes que nous avons entendus au commencement de ce chapitre. Le pauvre vicaire n'y comprit rien, comme de raison; mais, dans un tel moment, il ne s'agit pas de comprendre, encore moins de marchander, aussi accepta-t-il cela comme une bonne et loyale confession, et il lui donna généreusement l'absolution. Cela fait, il sortit, reconduit par les révérences de la portière, fort satisfaite de la tournure qu'avait prise la chose, car elle craignait que le digne marchand, dont elle connaissait l'humeur babillarde, ne s'avisât de disputer contre son pasteur.

L'aurore commençait à poindre; la vieille, bien convaincue que son pénitent pouvait maintenant, en toute sécurité, comparaître devant le bon Dieu, s'en fut vaquer aux affaires de son ménage et aux fonctions de la porte.

Grand Amendement

DE

M. CRISTOPHE.

12.

GRAND AMENDEMENT

DE

M. CRISTOPHE.

Le lendemain, quand l'heure ordinaire du réveil de la vicomtesse fut sonnée, la portière n'eut rien de plus pressé que de lui faire demander audience.

Admise à son lever, où, par exception, elle trouva le médecin républicain que la noble dame avait fait appeler, sans doute pour le ramener à de meilleurs principes politiques et médicaux, la vieille fit un récit circonstancié de l'agonie, de la confession et de la conversion du marchand, qui avait avoué et abjuré toutes ses erreurs.

« Nous pourrons donc le faire enterrer honnêtement, dit la vicomtesse. Pensez-vous, la bonne, qu'il ait laissé de quoi y pourvoir, déduction faite de ce qu'il vous doit ? » — « Il ne me doit rien, madame, il m'a payé d'avance; le digne homme n'avait pas un sou à lui quand il voyait de pauvres gens. » — « Cela me ferait croire qu'il n'avait pas beaucoup d'ordre, et vous pourriez bien, docteur, en être aussi pour vos visites. Mais s'il s'est converti, surtout s'il a désavoué les mauvais livres qu'il a écrits... » — « Ecrire! dit la portière, il ne lit pas si couramment que ma petite fille qui n'a que sept ans, et c'était elle qui faisait ses comptes de ménage. »

Pendant ce dialogue, le républicain grommelait entre ses dents : « Quoi! ce méchant vigneron qui faisait l'esprit-fort est mort en capucin! Il mériterait qu'on l'envoyât à la morgue. Mais comment ont-ils fait pour l'expédier si vite? hier soir il avait encore pour quatre bons jours de vie. A quelle heure est-il mort? » — « Je n'ai pas dit qu'il fût mort, Monsieur. » — « Eh! que nous parlez-vous de son enterrement, vieille sotte, s'écria la vicomtesse, oubliant qu'elle en avait parlé la première! » — « Madame, il était si mal! » — « Vous ne lui avez donc pas fait prendre le reste de mon élixir? » — « Non, Madame. » — « Alors il est possible qu'il en revienne, murmura le docteur, en ajoutant plus haut qu'il allait savoir de ses nouvelles. » — « J'irai moi-même dans un instant, dit la dame : on ne peut l'abandonner ainsi; il faudrait prévenir sa famille, car enfin il doit avoir quelque parent, au moins quelque connaissance. » — « Oh ! Madame, il a une femme, des enfans, je le lui ai entendu dire cent fois. » — « Les avez-vous fait avertir ? Il faudrait écrire; où sont-ils ? » — « Ils sont... oh !.. je l'ai oublié; peut-être que mon mari... Ils sont dans le pays du bon vin, oui, du bon vin rouge, car il ne pouvait souffrir le blanc; et pas plus tard qu'hier... » — « Assez, dit la vicomtesse, conduisez monsieur. »

En montant, le docteur dit à la portière : « Qu'avez-vous donc fait faire à ce malheureux ? ne pouviez-vous le laisser en repos vous et votre vicaire ? » — « En voilà une sévère, répliqua celle-ci : nous prenez-vous pour des animaux ? un homme qui s'en va. » — « Raison de plus, un citoyen part pour un voyage, son voisin va le trouver et lui dit : Je viens prendre vos commissions. — Comment, mes commissions ! C'est moi qui pars. — N'importe, donnez. — Mais j'y serai avant vous. — Donnez toujours. »

Nous remarquerons ici en passant, pour l'explication de ce qui précède et de ce qui suivra, que le jeune docteur se croyait obligé, en sa qualité de médecin et de républicain, de faire l'esprit fort, quoique au fond il n'eût guère de l'un et ne fût pas précisément l'autre.

Il entra chez M. Cristophe avec cette indifférence

d'un Esculape qui ne sait pas s'il vient chez un mort ou un vivant. La vieille qui le suivait, apercevant le bonhomme sur son séant, recula deux pas ; elle crut voir le Lazare sortant du sépulcre, et il en avait assez la mine. Le docteur tâta son pouls, fit jeter la drogue de la vicomtesse, et ordonna les sangsues. Il sortit ensuite précipitamment, car on l'attendait depuis la veille pour un accouchement.

La benoîte propriétaire ne tarda pas à arriver ; elle félicita son hôte de l'amélioration de sa santé et surtout de sa conversion. A ce mot le malade à qui l'intermittence de la fièvre laissait une partie de son bon sens, dressa les oreilles et dit à la dame qu'il était chrétien, qu'il l'avait toujours été, et qu'il n'avait pas besoin de se convertir. Alors la portière se prit à lui raconter l'entrevue qu'il avait eue avec le vicaire et l'absolution qu'il en avait reçue. M. Cristophe ouvrit des oreilles plus grandes encore, et dit à la vieille qu'elle radotait; que lorsqu'il se confessait, c'était en plein jour, parce qu'il n'y voyait point de mal.

La vicomtesse jeta un regard menaçant sur la malheureuse portière qui semblait convaincue de mensonge. « Hélas, madame, la tête n'y est plus ; çà toujours été un homme si simple, si borné, qu'il faisait pitié, même de son vivant. »

Le vigneron trouva l'éloge mince; cependant l'assertion de la vieille, en qui il avait toute confiance, était si positive qu'il commenca lui-même à douter de la vérité. Quant à la vicomtesse, elle vit bien que la conversion restait encore à faire. Elle n'en fut peut-être pas fâchée; une de ses joies était de catéchiser, et jamais elle n'y allait de main morte: véritable héroïne de l'église militante, le tranchant de l'épée lui paraissait merveilleusement propre au salut des ames. La Saint-Barthélemi était, suivant elle, une rigueur salutaire, et l'inquisition ne lui eût pas trop déplu : d'ailleurs, de fort bonne foi, elle se croyait la meilleure femme du monde.

Elle commença donc à faire à M. Cristophe une peinture effroyable de l'enfer et de ses feux. Il écoutait le tout assez froidement, la portière s'en aperçut. « Ah madame! dit-elle, ce n'est pas ainsi qu'il faut le prendre : c'est un homme si dur pour son corps qu'il entrerait là dedans sans y faire seulement attention, et qu'au bout de deux jours il y serait accoutumé; parlez-lui du bon Dieu et de la bonne Vierge, ou du grand saint Cristophe son patron, il vous comprendra mieux, car enfin ce n'est pas un Turc. »

Cette digression charitable n'eut pas grand effet

sur la vicomtesse, qui se prit à rudoyer le malade, si bien qu'elle finit par le mettre en colère.

« Bonté de Dieu! s'écria-t-il, où en sommes-nous donc? Quoi! moi Cristophe, marchand de vin et électeur, moi catholique et apostolique, on viendra à mon trépas me traiter de Pharisien? On ne voudra pas m'inhumer en terre sainte! On m'enverra en enfer avec tous les coquins, moi qui de mon vivant n'ai jamais fréquenté que d'honnêtes gens! Voilà donc la Charité d'aujourd'hui! Fanatisme politique! fanatisme religieux! C'est pis que les sept plaies d'Egypte!! Oui l'animal le plus féroce, le plus impitoyable qui existe sur la terre est le fanatique! Il déterrera les morts comme l'hyène, il dévorera les mourans comme le vautour; il boira le sang des vivans comme le tigre; il n'a aucun sentiment humain, il n'est ni fils, ni époux, ni citoyen; il vendra sa patrie, il égorgera son frère, il le fera brûler et jettera sa cendre au vent. Ah! le fanatique mâle ou femelle est la dernière des brutes. »

Il en était là lorsqu'on entendit frapper à la porte; la garde y alla et l'ouvrit à deux battans en apercevant une soutane que surmontait la figure, non d'un jeune séminariste, mais d'un respectable ecclésiastique en cheveux blancs.

Nous avons eu plusieurs fois l'occasion de parler du vieil ami de M. Cristophe, du bon curé de son village, duquel il tenait et son latin et les trois-quarts du français qu'il débitait à tort et à travers ; or c'était lui qui arrivait.

Quoique simple recteur de campagne, il n'était pas du nombre des ignares. Eprouvé au creuset des temps et du malheur, il avait l'expérience des hommes et des choses. Chassé comme une bête fauve en 1792, obligé de se réfugier chez l'étranger, il avait beaucoup vu, beaucoup comparé, et appris quelque chose. Rentré en France dès qu'elle lui fut ouverte, il était accouru à ses ouailles, qui l'avaient accueilli de grand cœur. Bientôt on lui avait rendu sa cure, où, malgré sa modestie, son mérite ayant été remarqué, l'offre d'une meilleure place lui avait été faite ; il l'avait refusée pour ne pas quitter ses paroissiens. Enfin la disette de pasteurs de la vieille roche se faisant sentir de plus en plus, on l'avait nommé grand vicaire, et c'était pour réclamer contre sa promotion qu'il était venu à Paris. Arrivé par la diligence de la nuit, son premier soin avait été d'accourir chez son vieil ami le vigneron, dont il ignorait la maladie.

Au moment où il entra, le bonhomme, bouffi de

colère, paraissait assez vermeil; de façon que M. Honorin, c'était le nom du curé, ne s'effraya que médiocrement en le trouvant alité. « Eh bien ! mon digne paroissien, vous me voyez aussi à la ville : il y avait trente ans que cela ne m'était arrivé : comment vous portez-vous ? »

En reconnaissant son respectable directeur, l'humeur du malade s'était subitement calmée ; mais il sentit sa triste position, ses yeux devinrent humides, il ouvrit les bras et les tendit affectueusement au vieillard qui s'y précipita.

Après une vive accolade, il lui demanda des nouvelles de madame Cristophe, de ses enfans et de ses vignes ? M. Honorin répondit en détail, et lui dit quelques mots du motif de son voyage.

La vicomtesse, qui n'avait pas cru devoir interrompre ces premiers épanchemens de l'amitié, prit alors la parole : « Monsieur le curé, c'est le ciel qui vous envoie pour moraliser ce pécheur, et le rappeler aux soins de son salut. »

Le vigneron était si occupé de son compagnon et des nouvelles qu'il venait d'apprendre, qu'il n'entendit pas cette réflexion; mais elle frappa le prêtre, qui regarda la dame avec étonnement et presque de travers, car il connaissait les sentimens de l'homme, et il pensa que s'il y avait là quelqu'un à moraliser, ce n'était pas seulement lui. Il ne repoussa pas la tâche; il avait un peu l'esprit de sa robe, et l'occasion de faire un sermon ne lui déplaisait pas.

La vicomtesse se méprit sur l'effet de ses paroles, et pendant que le malade lisait une lettre que lui avait apportée le voyageur, elle tira ce dernier à part, et lui dit que son compatriote n'était pas bien, qu'on avait eu cette nuit de vives inquiétudes, et qu'il avait besoin de ses derniers conseils. M. Honorin fit un geste d'effroi : la perte d'un ami de quarante ans ne se répare pas; et le vieillard, par un retour sur lui-même, semble toujours plus frappé du danger du vieillard que de celui du jeune homme; cependant il cacha son inquiétude et se rapprocha du lit; le regard calme du malade le rassura.

M. Cristophe, après lui avoir fait encore bon nombre de questions sur son cher pays, se ressouvint enfin de la noble visiteuse; déjà sa rancune était passée. « Pardon, Madame, je me croyais de retour à mon vieux foyer. Vous voyez, mon voisin, c'est ainsi qu'il appelait le curé, qu'il y a aussi de la charité à Paris, et madame ma propriétaire ne dédaigne pas de venir nous visiter; mais elle est sévère, et ce n'est pas à elle que nous irons à confesse. »

— « Moi, j'espère en l'indulgence de madame, reprit l'ecclésiastique, et je veux obtenir d'elle votre absolution. » — « Je ne sais trop si je la lui dois. Croyez-vous, Monsieur, que, lorsque vous êtes entré, il me traitait de fanatique, et que, comme telle, il m'aurait fait brûler : vous savez qu'en fait de tolérance les patriotes en valent d'autres. »

Le pasteur soupira; l'ongle du bon peuple l'avait en effet stigmatisé, au jour de nos saturnales révolutionnaires. Mais depuis long-temps tirant le rideau sur ces orgies sanglantes, il avait pardonné en vrai disciple de celui qui priait pour ses ennemis; à son exemple, sévère pour lui-même, il était indulgent pour les autres, il n'opposait à la prévention et aux attaques que sa douleur et sa résignation, bref, jamais tête plus inoffensive n'avait porté la tonsure.

Quant à ses opinions, quoique très orthodoxes, elles étaient logiques : il n'était pas de ces théologiens à estomac débile qui ne peuvent digérer une raison quand elle n'est pas dans leur bréviaire.

Ici, une petite digression est nécessaire; car en parlant d'estomac, il est des gens qui vont s'inquiéter pour celui de la vicomtesse; ils demanderont ce qu'elle fait là, et pourquoi elle ne va pas déjeûner? Je leur dirai que c'était jour de jeûne.

D'autres, plus indiscrets encore, voudront savoir quelle espèce d'intérêt elle prenait au docteur, que, certes, après sa sortie, elle ne devait guère trouver aimable, et ils prétendront que ces réticences sont malignes, calomnieuses et entachent la réputation d'une femme dont les principes n'ont jamais varié.

Je répondrai que les mauvaises pensées sont pour ceux qui les ont, et que la conduite de la vicomtesse est suffisamment justifiée ; qu'ici la charité, la morale, l'amour de la science et de l'humanité sont visibles, et la dirigeaient évidemment tout entière; qu'à ses yeux la médecine du néophyte sentait l'hérésie comme le reste; qu'elle avait donc en lui une double conversion à faire; qu'en outre, elle avait à traiter de celle de M. Cristophe. Il est vrai qu'elle venait par dessus le marché, et, sans le terme non acquitté, peut-être ne serait-elle pas venue du tout, car il était vieux et laid, et les catéchumènes de cette espèce n'ont jamais été fort courus.

La vicomtesse ainsi blanchie, il convient encore, avant d'aller plus loin, et dans l'intérêt de M. Honorin et même de M. Cristophe qu'on pourrait rendre responsable du tout, de prévenir le lecteur, qui lit pour s'amuser, que ce qui suit ne l'amusera pas du tout, et qu'invité plus haut à passer cinquante pages, il est prié ici d'en sauter soixante, où il ne trouverait qu'une façon de sermon, moitié religieux, moitié philosophique, véritable ragoût du juste milieu, qui fera jeter les hauts cris aux hommes dévots et monarchiques et en même temps aux penseurs citoyens et indépendans, si toutefois il ne les endort pas, circonstance peut-être fort heureuse pour eux et pour nous.

Cependant la vicomtesse avait toujours sur le cœur l'apostrophe du marchand : « Oui, monsieur le curé, parce que j'ai voulu le ramener à la religion, il m'a accusée de fanatisme ; veuillez, vous, son directeur, lui en faire sentir la différence. »

L'honnête ecclésiastique, après s'être recueilli, puis avoir toussé deux fois, d'un ton légèrement nazillard commença ainsi : « Hélas ! madame, il est trop vrai que dans notre siècle beaucoup d'hommes ont voulu confondre le fanatisme et la religion, et cependant rien de plus opposé : le fanatisme est inhérent à toutes les passions, à toutes les affections humaines, et quoi qu'on ait pu dire, il dérive moins de l'amour de Dieu que de tout autre.

« Le fanatisme est l'égoïsme poussé à son plus haut dégré. C'est un calcul passionné en faveur de nous, calcul fondé sur le désir ou sur la peur.

« Le fanatique n'a de foi qu'en lui-même, il n'est fanatique que de lui seul, il prend l'amour de soi pour l'amour de la vérité, et, se mettant à la place de Dieu, il croit servir la religion quand il ne sert que ses propres passions. Sacrifiant le présent à l'avenir il ne tient nul compte de son existence ni de celle des autres; c'est ainsi qu'il se montre l'ennemi de tous, et que, pour obtenir un grand bonheur dans le ciel, il devient dans cette vie le fléau, le bourreau des hommes.

« Les bûchers que dressèrent nos pères, qu'élève encore le stupide Indou, n'ont jamais eu d'autre base qu'un égoïsme fanatique; on a voulu ainsi se concilier la Divinité, comme si on le pouvait en versant le sang, comme si briser l'Être devait plaire à celui qui a créé l'Être. Non, Dieu repousse les vœux homicides; et le fanatisme a été jeté aux hommes comme la peste et la guerre pour les châtier. »

A ce début, qui semblait être la répétition de ce qu'avait dit le vigneron, la dame fit la grimace. Son adversaire en jubilation approuva de l'œil et du geste. Le prédicateur poursuivit : « Et sous quelle forme ce fanatisme n'a-t-il pas séduit, trompé, déchiré les hommes? Il y a autant d'espèces de fanatisme que de passions diverses : il y a celui de l'or, du pouvoir, de la tyrannie. Les vertus mêmes ont le leur qui les transforme en rage, en délire; on a vu le fanatisme de l'amour, de l'amitié, de la renommée, de l'honneur. Combien d'hommes, que l'histoire présente à l'admiration des hommes, n'étaient que de misérables énergumènes! Combien d'historiens ont pris la folie, l'orgueil ou la cupidité pour du dévoûment? Et comment jugeons-nous tous les jours le cœur humain et les actions qu'il enfante?

« Le fanatisme est le fléau qui a causé le plus de désordres ici-bas, qui y a amené le plus d'infortune; il a creusé autant de tombeaux que tous les autres ensemble, il a inondé la terre de sang et de larmes. Oui, les plus grands crimes, les plus grandes fautes ont été produites par le fanatisme; et, chose étrange et déplorable, les peuples les plus civilisés de l'antiquité ont eu des idées plus lourdement, plus cruellement absurdes que les nations qu'ils appelaient barbares; et de notre temps, il existe encore des superstitions telles que l'avenir doutera que le délire ait pu aller aussi loin.

« Cependant le fanatisme est un sentiment hors nature; aucun être ne naît fanatique, aucun ne peut l'être excepté l'homme. C'est un vice acquis par la réflexion, et aussi, comme la peste, par le rapprochement et le contact. Un cerveau malade, un fou, que les rêves de son imagination ou des lectures mal interprétées auront jeté dans un spasme sanguinaire, va, dans sa monomanie féroce, infecter du poison qui le tourmente des peuplades entières, et des êtres paisibles deviendront des loups enragés.

« On a vu sans doute des fanatiques de bonne foi: tel homme a fait une mauvaise action, croyant en faire une bonne; mais il n'est arrivé là que par degrés, que par une suite de fautes, de faiblesses, de fascination, qu'après avoir fermé les yeux à la lumière, aux inspirations de sa conscience.

« Si le fanatisme peut nous conduire à ce point d'abrutissement, c'est un motif de plus pour haïr un vice qui réduit l'être à un état pire que l'animal, car cet animal a en lui un sentiment de justice, et dans l'égarement de la colère ou du besoin il ne dévore ni son fils ni son père. »

— « Vous voyez, mon cher monsieur, dit la vicomtesse, qu'il y a loin d'un tel être à la personne que vous repoussiez tout à l'heure, qui certainement n'a point voulu vous dévorer : en vous avertissant doucement du danger de vos principes et du devoir qui vous restait à remplir, elle ne faisait que s'acquitter du sien. »

Cette interruption ne fut pas agréable au curé, qui n'aimait pas qu'on personnifiât sa morale, et qui peut-être ne voyait pas avec plaisir qu'on attaquât si crûment les opinions de celui qu'il regardait comme son émule; il allait répondre, quand il fut prévenu par le bonhomme. S'il avait pardonné à la noble prêcheuse son premier sermon, il n'était pas disposé à en supporter un second; aussi s'emparant du texte du pasteur, il y fit une variante peu gracieuse pour la dame.

« Quelquefois aussi, madame, le fanatisme calme et froid prend le langage de prophète et se dit l'envoyé du ciel, l'ange de paix et de vie; si vous en doutez, il vous attache au gibet pour vous en convaincre. Mais Dieu a-t-il fait quelqu'un son justicier sur la terre? Quoi! cet insecte humain, dans son inconcevable orgueil, dira : J'ai raison de penser ainsi, il faut que toutes les créatures pensent comme moi ou qu'elles meurent. Ah! de toutes les prétentions, la plus insupportable est celle qui veut absolument soumettre une ame à la sienne; et de toutes les tyrannies, la plus lourde, est l'obligation de faire semblant de croire ce qui répugne à notre bons sens. Non, cela ne peut être la loi du créateur, qui n'a donné à personne le droit de contraindre la pensée, qui n'est justiciable que de lui.

« Dès qu'un homme prétend de sa conscience faire la conscience d'autrui et imprimer violemment son opinion, fût-elle même bonne, il blesse l'ordre et la morale; une opinion imposée n'est pas une opinion, c'est un masque; en croyant faire un converti, on ne fait qu'un hypocrite.

« Quel bien ont produit jadis vos apôtres conquérans? vos missionnaires à la hache? Quels gouvernemens ont-ils améliorés? quels peuples ont-ils rendus plus forts, plus libres, plus moraux? A des vices, ils ont ajouté des vices; à des chaines, ils ont soudé des chaînes; ils ont fait des martyrs, mais pas un vrai chrétien.

« Et de nos jours, que font-ils encore? Quelle morale veulent-ils nous inculquer? Est-ce celle de la raison, de l'ordre, de la paix? Sont-ce les devoirs de père, d'époux, de citoyen, qu'ils nous prêchent? Non, ce sont leurs préventions, leurs préjugés, leurs folies; ce sont des linceuls qu'ils relèvent de la poussière; c'est leur agonie, c'est leur cadavre qu'ils veulent attacher à notre vie. Ah! repoussons ces apôtres des ténèbres, ces pères de l'erreur; car les êtres les plus nuisibles à l'homme ne sont pas ceux qui les égorgent, mais ceux qui les trompent, qui abusent de leur pouvoir ou de leur faiblesse pour faire rétrograder le temps, et qui imposent comme la voix du ciel ce qui n'est que le cri de leur délire. Certes, ils nous font plus de mal que le meurtrier, car celui-ci n'attaque qu'un misérable corps mortel, quand eux s'en prennent aux sources de la vie, à l'ame éternelle.

« L'erreur involontaire est déjà trop facile à l'homme, sans qu'il y ajoute encore le mensonge, sans qu'il travaille, en trompant les autres, à se tromper lui-même. Ah! si vous faites des conversions, faites-les donc à la vérité. »

Ici le curé voulut reprendre la parole, mais la dame fut plus leste que lui : « Monsieur, disait-elle au vigneron, je ne répondrai pas à ce qui touche la religion, j'en laisse le soin à M. le curé; je ne vous demanderai pas non plus ce que vous entendez par erreur, car ce serait peut-être pour moi la vérité. Mais, puisque nous en sommes ici sur cette vérité que j'estime autant que vous, je vous prierai de me dire si tout le monde peut l'entendre? si la lumière est faite pour tous les yeux, ou tous les yeux pour la lumière? enfin s'il n'est pas de reticences nécessaires et même des erreurs profitables? Il est des choses que l'habitude fait regarder comme vraies. Qu'elles le soient ou non, si le but est d'empêcher des excès, si le changement doit produire un choc, amener des désordres, des révolutions, n'est-il donc pas de l'intérêt de tous de maintenir ce qui est? Oui, la lampe doit rester quelquefois sous le boisseau. »

— « Non, madame, lui répondit le marchand, la vérité devient un mensonge quand on nous en cache une partie. A quel homme est-il permis de voiler ce que Dieu a posé comme un fanal pour nous éclairer? La vérité appartient à tous, il n'est pas d'erreur profitable, l'erreur est la mère de la folie, la folie n'est d'aucune religion, et un chrétien doit avoir toute sa raison, ne fût-ce que pour entendre la parole de Dieu. Que partout la lumière paraisse donc; qu'elle brille! qu'elle éclate! et qu'en dissipant les ténèbres de l'ignorance, elle ramène chez tous les peuples le règne du bon sens! »

La dame était ici attaquée par son faible; l'instruction du peuple, comme nous l'avons vu, était sa bête noire; aussi ne laissa-t-elle point passer l'observation. « Mais, reprit-elle assez aigrement, le bon sens ne peut-il exister sans la science? et vos savans en sont-ils moins sujets à l'erreur? Monsieur le curé vient de vous dire que les folies les plus atroces, les plus monstrueuses, n'ont pas existé dans les sociétés naissantes. Si un peuple brut n'a pas toujours le goût du bon, il a rarement celui du mauvais. Sans chercher bien loin, si nous nous comparons aux peuplades agrestes, aux sauvages mêmes, les Hurons, les Iroquois, les antropophages de la Nouvelle-Hollande, dans leur danse cannibale, ont-ils jamais fait plus de contorsions, plus de laides grimaces que nous n'en faisons depuis 40 ans? Et qui a donné le branle? est-ce le rustre illettré? non; ce sont vos savans, vos pédans musqués... Oui, je le répète, le doute, l'irréligion, l'athéisme, dérivent de leur science, et il y a mille fois plus d'esprits faux parmi les doctes que parmi les ignorans. Et l'erreur du savant est pire que celle du simple, parce que le premier l'ayant créée, l'aime comme son œuvre; il emploie toute son influence pour l'inculquer aux autres, et la soutenir même lorsqu'il est détrompé. Ah! si le génie, de bonne foi, a contribué à nous avancer dans la carrière du vrai, le mauvais emploi de ce génie nous a fait souvent faire des pas rétrogrades, et vos philosophes nous ont implanté plus de sottises de leur façon, qu'il n'en ont détruit de celles des autres. Enfin, monsieur, je le redirai sans cesse, si l'instruction est bonne à quelque chose, c'est dans les sommités seules, c'est parmi les familles nées pour commander, et jamais dans celles faites pour obéir. »

— « Eh! comment les distinguerez-vous? s'écria le vigneron hors de lui. Dieu a-t-il créé des hommes avec le bâton de commandement à la main, ou la couronne sur la tête? Allez donc me chercher l'embryon de l'autocrate ou le fils bavant des Césars? Donnez-lui le gouvernement, ne fût-ce que de six poules; vous verrez comment il s'en tirera. Quant aux erreurs du savant, si quelques hommes ont abusé de la science pour tromper leurs frères, ils ne le pourraient plus si tous leurs frères avaient la science.

« Vous vous plaignez de l'impiété, de l'hérésie; sans l'ignorance, il n'y aurait ni hérétiques, ni impies, car tout le monde croirait en Dieu et en Dieu seul, Dieu grand, Dieu juste, c'est-à-dire tel qu'il est. »

Ce dénouement, sur lequel la dame ne comptait pas, car elle s'attendait à voir le bonhomme se jeter dans le philosophisme, sembla la déconcerter. Se souvenant alors du curé, elle éprouva quelque honte de laisser un prêtre, un prédicateur, la bouche ouverte sans pouvoir placer un mot; aussi se tourna-t-elle de son côté, en ayant l'air de lui dire que c'était à son tour.

Le digne confesseur ne demandait pas mieux; s'étant cru en chaire, il avait été tant soit peu étourdi d'être ainsi coupé dans son prône, et cela pour s'en voir dérober le sujet.

Celui qu'il avait choisi, *in petto*, était : *Errare humanum est*, texte qu'il avait plus d'une fois traité devant le vigneron, qui l'avait arrangé à sa façon, ainsi que nous venons de le voir ; mais l'autre n'était pas homme à y renoncer pour si peu.

Il est à remarquer que ce sujet d'*errare* est celui que nos Bourdaloue champêtres, nos Massillon de presbytère, affectionnent spécialement. C'est un champ vaste offert aux développemens de la rhétorique de paroisse, un terrain qui prête à toutes les manœuvres à pied et à cheval, à tous les coups fourrés, feintes et moulinets de la discussion scholastique. On peut sur ce canevas parler à peu près de tout et de tout le monde, car nul n'étant infaillible, en disant que quelqu'un se trompe, il y a probabilité qu'on ne se trompe pas. Il a donc toujours été plus facile de parler de l'erreur que de la vérité. Le bon curé qui le savait et qui avait la modestie de se croire un très médiocre orateur, tenait ainsi à conserver son thême, et trouvant enfin la passe libre, il commença à voguer à pleine voile.

D'abord, il fit doucement observer à son auditoire qu'il ne fallait rien exagérer, le mal pas plus que le bien, et ne pas prendre pour l'effet ce qui n'en était précisément que l'absence. Il faisait ici allusion à ce que le marchand de vin avait dit sur les conversions; et il ajouta que ce n'était pas à cause des conversions que des états s'étaient dépeuplés, que des nations s'étaient démoralisées; mais au contraire, parce qu'il n'y avait pas eu de conversions, et cela, par la raison qu'on s'y était mal pris, ou que les convertisseurs étaient des dragons et les argumens des coups de sabre.

Là dessus, il fit une petite excursion dans le domaine de la politique et l'influence fâcheuse des gouvernemens sur le culte. Puis, avec une teinte un peu libérale, comme tous les vieux curés, il tomba sur les puissans du siècle, et s'écria en reprenant son intonation nazale : « Il y a eu bien des désordres, bien des crimes commis au nom de la religion ; mais, sont-ils la conséquence de sa morale ! Est-ce elle qu'il faut en accuser, ou les pervers qui en ont abusé ?

« Ah ! si les chefs des hommes, pénétrés de sa grandeur, voulaient en appliquer les maximes à l'amélioration du peuple ! s'ils s'attachaient à développer son intelligence ; si la vérité, si la science de l'humanité était le but de leurs efforts ; s'ils n'étendaient leur sceptre que pour protéger et instruire, à quelle hauteur ne s'élèveraient-ils pas, et que leur mission serait belle sur la terre!

« Mais l'égoïsme des voluptés et de la puissance a éteint dans leur cœur la charité. Celui qui devrait éclairer est celui qui aveugle, celui qui devrait consoler est celui qui persécute; celui que Dieu a fait l'organe de la vérité devient celui du mensonge. C'est ainsi qu'en mésusant des paroles saintes et de l'esprit de religion, ils ont fait du parvis du temple une base d'arbitraire pour eux et d'esclavage pour nous. C'est ainsi qu'ils ont dirigé contre les peuples les lois qui devaient les protéger, et qu'au lieu de tourner l'homme vers la lumière comme la bonne nourrice le fait pour son nourrisson qui essaie d'ouvrir les yeux, ils l'ont rejeté dans ses langes. Hélas! c'est à leur dommage comme au nôtre. C'est en voulant abrutir les autres qu'ils s'abrutissent eux-mêmes; c'est en nous énervant qu'ils s'énervent, car c'est la grandeur des nations qui fait celle des souverains. »

— « Comme le bien-être des brebis fait la richesse du berger, s'écria M. Cristophe. Oui, mon voisin, tous les curés iraient avec vous en paradis, si, comme vous, ils se montraient les amis du faible, les protecteurs des petits. Mais où sont aujourd'hui les Augustin, les Paul, les Ambroise? où sont ces défenseurs de nos droits? où sont ces colonnes de la liberté, ces barrières contre le despotisme? Hélas! leurs successeurs, ennemis de toute émancipation, de toute indépendance, esclaves et superbes, sont devenus le bras droit des tyrans, et pour obtenir un lambeau de la toison, ils ont livré au loup le troupeau tout entier.»

—«Sans doute, dit le pasteur un peu étourdi de cette sortie contre sa robe, l'ennemi de notre salut, le serpent se glisse sous le cilice comme sous la pourpre. Oui, l'orgueil aussi s'est attaché au front du lévite. Il a oublié que la tunique blanche ne couvre pas devant Dieu le cœur gâté; il a oublié qu'il n'y a de supériorité parmi les êtres que dans la vertu, que dans la piété, la seule robe dont le prêtre puisse se glorifier, la seule qui donne l'intelligence et la sagesse. Oui, il y a eu des prêtres ambitieux comme des rois oppresseurs; l'humanité a pu trop souvent avoir à en gémir; mais, encore une fois, n'accusez pas la religion des infirmités de ses ministres, ne la rendez pas responsable des malheurs de ses enfans. Ce n'est qu'en oubliant l'Evangile ou le divin législateur, que les souverains ont pu faire des serfs et des esclaves, et les sujets ne sont tombés sous la chaîne qu'en l'oubliant eux-mêmes, et qu'en transgressant ses préceptes: un peuple de vrais chrétiens serait le plus libre de la terre. »

— « En vérité, dit à part la vicomtesse, ce curé est républicain ; que le ciel lui fasse miséricorde ! »

— « Dieu, continua le curé, est le principe de toute intelligence, de toute volonté, de toute justice ; c'est aussi celui de toute liberté ; sa loi, contraire au despotisme, est la plus opposée à celle qui veut forcer l'opinion, à la politique qui enchaîne la pensée. Et comment cette pensée pourra-t-elle s'élever si elle est comprimée ? Comment cette ame pourra-t-elle se développer si elle est liée ? Comment la foi pourra-t-elle y fructifier, si la main terrestre, la main matérielle, la main de l'être aveugle s'interpose entre elle et la divinité ? N'en doutez pas, c'est en cela surtout que la liberté de conscience est utile; elle laisse le cœur plus sous le doigt de Dieu que sous celui de l'homme. Les inspirations de la terre sont souvent fausses, celles d'en haut sont toujours justes et vraies ; et qu'est-ce que la religion, si ce n'est la vérité ? L'erreur de l'homme et la main du despote ne sont donc jamais la religion.

« La pensée religieuse, la pensée sainte est celle qui contribue le plus au développement de la raison; celle-là seule porte des fruits, et conduit aux choses véritablement grandes. Celui qui n'a jamais songé à Dieu, n'a jamais eu une noble inspiration, il n'est propre à rien de vaste, il rampera toujours dans la médiocrité; celui qui a une idée fausse et rétrécie de la divinité, a des idées plus ou moins fausses et rétrécies sur toute chose.

« Ah! ne craignez pas que l'éclat du ciel vous éblouisse. L'être ne prend sa force que du rayon d'en haut; plus la lumière en est affaiblie, plus il s'écartera facilement de la ligne du bien, de cette ligne tracée par celui qui ne se trompe pas. »

— « Oui, s'écria M. Cristophe qui ne put encore retenir sa langue: quiconque prétend que ce que Dieu a fait n'est pas bien, a menti. »

— « Certainement, ajouta la portière entraînée par l'exemple, tout est pour le mieux, comme disait ma défunte mère, et le bon Dieu a fait les soles sur la forme des poêles à frire. »

La vicomtesse parcourait le journal du matin qu'un domestique venait de lui remettre; si elle avait cédé la parole au curé, ce n'était pas pour son usage, car la bonne dame n'écoutait de sermon qu'à sa paroisse, et elle se croyait en droit d'en faire elle-même partout ailleurs. Cependant elle entendit la comparaison saugrenue de la vieille, et fortement scandalisée, elle lui fit une verte mercuriale. Le vigneron prit sa défense et soutint qu'elle avait bien dit : « Nous apprécions les choses à leur volume et non à leur valeur, dit-il; nous jugeons tout à l'aune, sans considérer qu'une mouche est un ouvrage aussi admirable qu'un chameau. Nous nous représenterons le créateur formant la baleine, mais nous passerions pour des impies si nous disions qu'il s'occupe à faire des grenouilles. Ce n'est pourtant point le plus ou moins de chair qui fait la force et l'intelligence, et l'homme qui pèse 300 livres n'a pas un génie double de celui qui en pèse 150 : ainsi la taille ne signifie rien, et tout ce que Dieu a fait, grand et petit, est bien fait. »

Le curé, après avoir supporté cette interruption avec sa résignation habituelle, profita, pour continuer, du moment où l'orateur respirait.

« La pensée de Dieu, dit-il, est simple, elle est naturelle, elle frappe immédiatement notre raison; née en nous, elle tient à l'ame, et prouverait seule l'existence de la divinité. Nous sentons, puisque nous sommes, qu'il est impossible que Dieu ne soit pas, et nous comprenons qu'il est immense, éternel, lorsque nous voyons devant nous l'immensité, l'éternité. »

Ici il eut le malheur de tousser, et M. Cristophe ayant l'air de croire qu'il avait fini reprit la parole.

« L'image de Dieu, cria-t-il, est dans tous les cœurs; mais l'homme, au lieu de la conserver dans sa simplicité primitive, dans la pureté de son éclat, comme il l'a reçue d'en haut; au lieu de borner toute sa théologie à cette reconnaissance, à cette admiration dont est remplie son ame, d'y renfermer son adoration; au lieu de comprendre que la vue du seigneur est la plus élevée où l'esprit humain puisse parvenir, et que tous les progrès que la raison a faits et fera jusqu'à la consommation des siècles sont entre l'état actuel des connaissances humaines et cette idée d'un Dieu unique, l'homme faible encore, à peine sorti du néant, a voulu embrasser cette pensée tout entière : ne pouvant s'élever jusqu'à elle, il l'a abaissée jusqu'à lui; et de là ces systèmes mesquins de l'ame, de la nature; de là ces folies superstitieuses, ces extravagances qui, décorées du faux nom de religion, ont régné sur la terre et ont varié selon les temps, les climats et les pays. L'homme partout a fondé des temples dont Dieu était à peine un accessoire; partout il a placé une Providence dirigée d'après sa politique humaine, une nature toute composée de termes échus, de catégories et de priviléges.

« A ses yeux la création a cessé, il a refusé d'y croire; loin de la voir dans toute la force de sa jeunesse éternelle, loin de la sentir continuelle, sans bornes, infinie comme l'espace, il l'a voulue stagnante, décrépite ou rétrograde; l'ame n'a plus été progressive, indestructible; partout la mort a détruit la vie, partout l'action, arrêtée, brisée [1], a été sans but, sans plan, sans résultat. La créature dépouillée d'avenir est devenue matière, et Dieu lui-même a disparu sous les brouillards des superstitions. »

— « Les superstitions, lui répondit doucement le curé, ont pu obscurcir et dénaturer l'idée de Dieu, mais non jusqu'au point de la faire disparaître. L'erreur ou le mensonge ne peut guère porter que sur de petites choses; nul ne peut être sûr de tromper sur ce qu'il ne conçoit pas, puisqu'il ne sait pas s'il dit vrai ou non; il faut qu'il soit maître de la matière sur laquelle il veut induire en erreur, il faut qu'il puisse la contempler dans tous les sens.

« Le mensonge et l'erreur, quand il s'agit de l'univers ou de la création, ne sont donc jamais qu'une ombre, une nuance, une partie de ce qui est; c'est toujours quelque chose de moins que la vérité. Si le mensonge pouvait être plus que la vérité, ou si ce qui

[1] Ces diverses questions sont développées par l'auteur dans l'ouvrage ayant pour titre : *Essai sur l'origine et la progression des êtres*. T. Ier.

n'est pas était au dessus de ce qui est, l'imposteur aurait plus d'imagination que le créateur n'a de pouvoir, et la vérité ne serait qu'une fraction du mensonge; or, c'est précisément le contraire. L'imagination de l'homme a beau divaguer, et a beau entasser exagération sur exagération, cette imagination ne peut dépasser ni même atteindre à ce qui est. Celui qui, le premier, a dit : Dieu est un, n'a donc pu ni errer, ni abuser les autres. »

Ici l'attention des auditeurs fut distraite par une apparition qui fit frissonner en même temps le malade et sa noble visiteuse : c'était celle de la méchante figure de M. Narcisse, qui, comme le prince des ténèbres, venait se replacer au chevet du mourant.

Le marchand de vin, à la vue de son cruel persécuteur, se crut retombé dans son cauchemar de la nuit; il s'empressa de tourner la tête vers la muraille. L'autre ne parut pas seulement s'en apercevoir, il fut s'informer de sa santé en le saluant aussi effrontément que s'il avait été son meilleur ami. Il salua également la vicomtesse avec toute l'urbanité dont il était capable, et n'oublia pas même le curé, qui n'y fit pas beaucoup plus attention qu'à la génuflexion d'un nouvel assistant à sa bénédiction du dimanche. Il poursuivit donc, sans se douter qu'il avait en face l'esprit vivant de la contradiction, et qu'il s'agissait maintenant de faire de la controverse.

Quand M. Narcisse eut fini ses politesses ou ses grimaces, il se mit à écouter paisiblement, chose que probablement, et suivant son habitude, il avait déjà faite à la porte. Le curé parla encore de la vérité et du mensonge, puis du paradis et du purgatoire : tout alla bien d'abord ; mais malheureusement le digne prêtre, en achevant son premier point, ayant ajouté quelques mots sur la contemplation et le bonheur de voir Dieu, l'autre l'interrompit en lui disant :

« S'il est tel que les hommes l'ont dépeint, le plaisir, monsieur le curé, doit être médiocre ; toutefois, que cela ne chagrine pas vos paroissiens ; et parce qu'ils l'ont fait petit et laid, ce n'est pas une raison pour qu'il le soit, ni même pour qu'il le devienne. Les bornes de la puissance visuelle et intellectuelle de l'homme isolé ne dépassent pas beaucoup la portée de son nez, et c'est partout sa longueur qui lui sert de toise. » Et se rapprochant de l'ecclésiastique : « C'est ainsi qu'une foule de grands saints et de sublimes théologiens ont raisonné à l'envers, et se sont égarés complétement parce qu'ils sont partis d'un point faux et qu'ils ont établi leur édifice sur leur propre calcul, au lieu de le démontrer par la raison de tous. »

Il croyait que le pasteur allait répondre à cette espèce de personnalité, et tel était le but qu'il s'était proposé ; mais le curé éprouvait en ce moment l'effet de cette physionomie maudite sur quiconque n'y était pas aguerri, et il était resté comme fasciné sous ce regard satanique.

Voyant qu'il ne disait rien, M. Narcisse continua en tâtant comme à son ordinaire le terrein dans tous les sens, sans s'inquiéter des contradictions : « Quant au peuple ignare, cet âne habillé qui court les places et les rues, et qui croit parler parce qu'il remue les mâchoires, il est tout aussi idolâtre que les adorateurs de Yaga-Baba ; il ne voit clairement et également que ce qu'il touche, encore faut-il qu'il puisse se rouler dessus et qu'il en porte au dos la marque et la poussière, sans cela il doute ou ne croit pas du tout. Le bonheur purement moral est donc au dessus de notre portée, car l'homme est encore à un degré de l'échelle où le limon forme les trois quarts de son être, par conséquent il ne peut rien concevoir où la matière ne soit et où elle ne tienne la place principale. Allez, après cela, lui proposer des joies contemplatives, il ne se souciera pas plus de votre paradis que de la salle de police.

« Pour ce qui est de son Dieu, après l'avoir habillé à la mode de son village, il lui a conféré ses goûts, ses passions, et la part de félicité dont il s'accommoderait pour lui-même. C'est ainsi que ce valet de ferme paresseux se le représentera les bras croisés du matin au soir et la pipe à la bouche; cet ivrogne le fera le verre à la main, entouré de pintes et de brocs ; cet amant lui donnera une maîtresse toute semblable à la sienne, et ce joueur une série éternelle d'as et d'atous.

« Nous autres gens plus délicats, qui ne sommes ni paresseux, ni buveurs, ni amoureux, ni joueurs, mais qui aimons la gloriole et les complimens, nous nous le représentons environné d'anges qui lui font la révérence du matin au soir; ou bien encore nous l'armons de la foudre dont il frappe ceux qui le bravent, car nous trouvons très doux de punir quiconque nous nuit ou nous humilie. »

— « Mon cher monsieur, dit le curé, celui qui repose en ce moment avait répondu d'avance à ce que vous venez de dire, et si vous étiez entré quelques minutes plus tôt, vous n'auriez pas eu besoin de présenter des observations que d'ailleurs je ne combats point. Oui, il'est malheureusement vrai que l'homme pèse trop souvent les choses à sa balance, et qu'il prend quelquefois pour le firmament le toit de sa chaumière. Hélas! en calculant ainsi d'après ses organes, en se plaçant toujours pour terme de comparaison, en ne voyant rien hors de lui et des élémens qui l'entourent, en ne regardant ni au dessus ni au dessous, en mesurant tout à sa petitesse au lieu de le mesurer à la grandeur de l'univers, il a souvent limité la portée de son intelligence et renfermé son ame dans un cercle étroit; mais cela ne change rien à sa nature, à son essence divine et progressive : s'il s'arrête dans sa marche, cela ne veut pas dire qu'il ne peut marcher et qu'il ne marchera pas.

« Les figures matérielles dont il se sert pour s'exprimer, sont les résultats de sa position et non de sa volonté. Nos organes tiennent à la matière, vous venez de le dire : faibles atômes, nous ne pouvons rien encore par le seul et pur esprit, il nous faut donc employer la langue terrestre pour être entendus et pour nous comprendre nous-mêmes; mais il y a loin de là à la peinture que vous nous offrez, et s'il existe des êtres qui se représentent ainsi le créateur, ce sont des êtres bien grossiers. »

— « Grossiers ou non, répondit le souffleur qui voulait une querelle à tout prix, il en est à peu près 49 sur 100 dans la bonne ville de Paris, et le double ailleurs; et certes, on fait peu de chose pour les éclairer, si plutôt on ne fait pas tout pour qu'ils ne le soient pas.

« Si l'homme doit juger par ses sens et ses organes, si la partie matérielle de son être est nécessaire à son intelligence, laissez-le du moins en user librement. Pour apercevoir la lumière, il faut ouvrir les yeux, et selon vos docteurs, la sublime vertu est de les tenir fermés; les sens, suivant eux, sont des piéges du malin, et les sourds et les aveugles sont les êtres favorisés du ciel; bref, je ne pense pas que l'on arrive bien vite à la découverte de la vérité avec cette maxime, qui pourrait servir d'enseigne à vos colléges : Bienheureux les pauvres d'esprit. »

— « Vous prenez pour règle, dit le curé qui trouvait ici l'occasion de rentrer dans son sujet, ce qui n'est qu'une parole consolatrice pour la faiblesse et l'infortune. Dieu nous a donné des yeux pour voir et des oreilles pour entendre, et ces organes, établis sur un principe juste, ont été mis en nous pour confirmer le sentiment du juste. En un mot, c'est pour sentir la vérité, c'est pour juger ce qui est bon et raisonnable, que nous avons des sens et des organes : il ne vous est donc pas défendu d'en faire usage, mais seulement d'en abuser; et ils ne deviennent faux que parce que l'homme les fausse en appliquant au mal ce qui lui a été donné pour le bien. »

— « D'après cela, monsieur le curé, nul ne vient au monde avec des sens faux, ou invinciblement portés au mal. »

— « Non, sans doute, ils peuvent être incomplets et faibles, ou nuls [1]; mais absolument faux, jamais : sinon, il y aurait mensonge dans la nature et la création; l'indication ou l'impression première des sens, est vraie, parce qu'ils sont les organes de l'ame, de l'ame fraction de Dieu où il ne peut rien avoir de trompeur. Ce qui y est, c'est l'homme qui l'a mis. Ainsi, quels que soient la position de l'individu, son éducation, ses préjugés, s'il descend en lui-même, s'il interroge sa raison, il distinguera toujours jusqu'à un certain point ce qui est de ce qui n'est pas, ou, en d'autres termes, le mensonge de la vérité. »

[1] On pourra voir ici confusion du sens moral avec le sens physique, mais cela sera expliqué ailleurs.

— « Par conséquent, dit le souffleur qui l'avait amené où il voulait, toute proposition qui choque en même temps nos sens et notre raison, et qui présente contradiction avec ce qui est d'après nos yeux et notre conscience, est menteuse, et c'est Dieu lui-même qui nous avertit qu'on veut nous tromper. Pour ne pas se mettre en opposition avec lui, il faut donc que le prêtre et le docteur retranchent de l'instruction qu'ils donnent à l'homme, ce qui est hors des bornes de la conception humaine, car alors cette instruction n'en est pas une, c'est même le contraire; nul ne sait ce qu'il ne conçoit pas, et ne croit ce qu'il ignore ; et je le demande à tout individu qui pense, à quoi peut lui être bon ce qu'il ne comprend pas et ne pourra jamais comprendre ? En quoi cela devra-t-il servir au développement de ses idées ? »

Il s'arrêta un instant pour voir l'effet que ferait ce début, puis il continua : « Toute chose qui sort de la raison est fausse; et quand mille générations d'hommes l'auraient regardée comme vraie, cela n'empêcherait pas qu'elle ne fût fausse; et fût-elle vraie, elle ne le serait pas pour ces mille générations, puisque aucune ne l'aurait comprise.

« Ce que les hommes d'aujourd'hui ne conçoivent pas, il est probable que les hommes d'autrefois ne l'ont pas conçu ; et ce que les hommes d'aucun temps n'ont pu comprendre, et que ceux de nos jours, sans le comprendre davantage, avancent comme une vérité, est certainement une chose douteuse et probablement une sottise, car où l'on ne sait rien, il n'y a rien à croire.

« Or, Dieu ne peut pas avoir prescrit aux hommes de croire ce qui est au dessus de la raison des hommes ; s'il avait voulu qu'ils le crussent, il leur aurait donné des organes pour cela. Montrer des couleurs à une taupe ou chanter devant une buse, serait une action déraisonnable. Ajoutons que ce qui est inexplicable pour tout le monde, n'est utile à personne, et ne peut que devenir un motif de trouble, comme la boule que l'on jette aux chiens : si elle est trop grosse pour que leur gueule puisse la saisir, après des efforts inutiles, leur rage se tourne contre eux-mêmes, et ils finissent par s'entre-déchirer.

« Ensuite, si Dieu ne nous ordonne pas de croire ce que notre raison ne peut pénétrer, il nous l'ordonne encore moins pour ce qui est contraire à cette raison, c'est-à-dire, ce qui est incroyable : car il se mettrait en contradiction avec lui-même ; c'est comme s'il vous disait : Je vous ai donné des yeux qui voient blanc, pour que vous croyiez que c'est noir.

« Ceci posé et reconnu, comment tant de niaiseries qui, jamais, n'ont pu avoir aucun but utile pour personne, ont-elles pu germer dans la tête de quelqu'un? et comment surtout a-t-il été possible que le premier ait pu le persuader à un second, et que cela se soit perpétué de génération en génération, de siècle en siècle, et que de nos jours encore on emploie les fers et la prison contre ceux qui veulent revenir au bon sens. » Et, jetant un regard moqueur sur son adversaire, il se tut.

« Monsieur, dit le curé, j'entrevois ici ce que vous voulez attaquer dans notre croyance; mais avant d'en venir à la discussion des faits, je vous ferai observer qu'il est des choses que l'ame, sans les embrasser entièrement, reconnaît néanmoins comme vraies, par l'impossibilité d'admettre le contraire. Il est sans doute difficile de concevoir Dieu et l'immortalité de l'ame; mais il est tout-à-fait impossible de concevoir qu'il n'y ait pas de Dieu et d'immortalité. L'homme se demande ordinairement comment cela est-il? mais presque jamais comment cela ne serait-il pas? Si nous voyons beaucoup, il y a certainement beaucoup plus que nous ne voyons point ou que nous n'apercevons qu'à moitié; mais où nous ne voyons pas tout, on ne doit pas conclure que nous ne voyons rien, et surtout dire qu'il n'y a rien; il y a au moins ce que nous voyons. »

— « Tout cela est bel et bon, répartit le souffleur, mais moi je pose d'abord en principe, et en usant de vos propres argumens, que les idées qui se présentent naturellement à tous les êtres qui pensent, sont probablement la vérité, et que celles que la raison de ces mêmes êtres n'aperçoit jamais ou repousse toujours, sont vraisemblablement le mensonge.

« Pourquoi nous étonnons-nous d'un miracle? pourquoi faut-il employer la force ou l'astuce pour nous le faire adopter, ou du moins pour nous en faire faire le semblant? C'est que le bon sens nous dit que ce qui interrompt l'ordre de la nature est impossible; qu'il n'y a jamais eu de miracles, et que ceux qui les ont annoncés se sont trompés ou nous ont trompés, car s'il y en avait eu autrefois, il y en aurait encore aujourd'hui.

« Les prodiges et les visions ne sont que pour les individus faibles ou les peuples dans l'enfance, et dans notre temps, s'ils sont devenus si rares, c'est que jadis il y en avait pour tout le monde, et qu'à présent il n'y en a que pour les simples. Bref, pourquoi n'y a-t-il plus d'oracles, de magiciens et de prophètes? c'est qu'il y a moins d'imbéciles, c'est qu'on met les oracles, les magiciens et les prophètes au carcan, comme on aurait dû les y mettre toujours.

« Mais pour en revenir à mon dire, si on les y envoie aujourd'hui, ce n'est certes pas la faute de votre clergé, qui ne cesse de vous rappeler que la foi est le principe de toutes les vertus, que la foi transporte les montagnes, et qu'on ne peut se sauver sans la foi ; or la foi n'est autre chose que de s'abstenir de réfléchir sur certaines propositions qui ne peuvent soutenir la réflexion. »

A cette tirade anti-chrétienne la vicomtesse fit un geste d'horreur, et le vigneron s'enfonça plus avant sous sa couverture. Le curé, accoutumé à ces sortes de luttes, prit la parole sans humeur ni passion. « Monsieur, ce que vous attaquez ici, c'est la révélation et les mystères de notre sainte religion ; ce que vous voulez dire en deux mots, c'est que nul n'a cru un mystère par la raison que c'est un mystère ; mais ce qui l'est pour l'un peut fort bien ne pas l'être pour l'autre. Ce qui l'est aujourd'hui ne le sera peut-être pas demain. Ce qui a pu paraître surnaturel à nos pères, ou ce que leur inexpérience a érigé en prodige, ne serait peut-être de nos jours qu'un effet physique, dont eux, comme nous, pourraient trouver l'explication en remontant à la source, en approfondissant les causes, en les examinant avec les yeux du vrai savant, ou même simplement avec ceux de la raison.

« Mais pour répondre à la suite de vos sophismes, je dirai d'abord comme vous, monsieur, que ce qui est contre l'ordre de la nature est impossible, car la nature c'est Dieu, et rien ne détruit l'effet de sa volonté qui est l'ordre même. Quand quelque chose nous semble contraire à cet ordre, ce n'est pas qu'il le soit véritablement, mais c'est que nous ne le comprenons pas ; et je vous le demande, n'y a-t-il de vrai que ce que nous comprenons sans effort ? Saisissons-nous tout au premier coup d'œil ? et ce dont nous nous rendons compte à quinze ans, l'aurions-nous pu à dix, et ne le comprendrons-nous pas mieux encore à vingt ou à trente ans ?

« Je vous demanderai de plus : Notre conception est-elle limitée à cette courte existence ? la faculté de concevoir n'est-elle pas la suite d'un souvenir, d'une expérience ? Réfléchissez-y, monsieur : ce que vous appelez l'intelligence n'en est peut-être que l'une des faces, qu'un degré, qu'une époque ; l'esprit n'a pas plus de bornes que l'espace ; la capacité de l'ame, comme l'immensité, comme l'infini, peut tout embrasser, et sa croissance jamais ne cesse ; mais elle est encore bien près du point de départ. De cette immense carrière que nous sommes appelés à parcourir, nous ne sommes qu'au second pas; l'être est né d'hier, et le squelette du premier homme gît peut-être encore dans quelque coin du globe. »

Ici le prédicateur ne put résister à ses souvenirs de collége et à la démangeaison de faire de l'érudition, car le cœur du plus humble a aussi son grain de vanité.

« Les événemens, continua-t-il, qui nous semblent l'antiquité, se sont passés la veille; il n'y a que 18 hommes entre nous et N. S., et 70 depuis la création du monde. En vain on a cherché l'antiquité dans le paganisme; les annales les plus anciennes, Hérodote, Manethon, les marbres de Paros, les historiens chinois, le sanscrit, sont de 500 ou 1000 ans postérieurs à Moïse. Le Pentateuque forme le monument le plus antique que l'on connaisse, et il n'a pas 5000 ans.

« Si nous nous croyons vieux, c'est que le désir du temps à venir nous surcharge du temps présent et nous le fait paraître lourd, et ce temps si rapide nous semble encore trop lent.

« Nous sommes donc vraiment au premier feuillet du chapitre des choses, nous sommes à la mamelle pour ainsi dire. Si l'intelligence est progressive, il n'est pas étonnant que nous en ayons encore si peu ; et il doit y avoir, et il y a en effet une foule de vérités dont l'homme n'acquiert la connaissance ni en un siècle, ni en mille, et qu'il n'obtiendra qu'en passant à travers l'immensité des âges.

« Or, s'il y a, ainsi que vous le dites, un grand nombre d'absurdités que tout le monde tenait pour raisonnables et qui sont maintenant tenues absurdes par tout le monde ; si nous ne croyons plus des erreurs que nos pères ont crues, si nous n'en inventons pas de nouvelles, si nous avons des idées plus saines des choses, si la masse vaut mieux, si elle est moins rude, moins cruelle, moins superstitieuse, c'est qu'alors nous avons une plus grande dose d'intelligence. Partant de là, il est probable que nos fils en auront aussi plus que nous, et qu'ainsi ils concevront les choses qui sont pour nous inconcevables. »

Ici son adversaire voulut l'interrompre, mais il tint bon :

« Et je vous objecterai encore : Parce qu'il y a des faits que les hommes n'ont pu définir, est-ce une raison pour qu'ils ne les définissent point un jour ? Il ne peut y avoir d'énigme absolue, de problème qu'on ne puisse résoudre ; ce que nul n'a pu imaginer, nul n'a pu le produire, et quand quelque chose est, c'est que quelqu'un l'a compris. Tout est erreur ou vérité; il n'y a donc pas de mystère, et s'il existe dans les saintes écritures quelques circonstances que l'homme n'a pas conçues, cela ne peut être hors de sa conception possible, car ce serait déraisonnable, comme vous le disiez fort bien. Aussi, jamais ni l'ancien ni le nouveau testament n'ont dit d'un fait ni d'une proposition quelconque, c'est un mystère; si vous l'y avez vu, c'est par la grande folie des écoles, qui ont mutilé et dénaturé des écrits si religieusement respectés de nos pères; c'est dans quelques livres obscurs qui ne sont ni la loi ni la règle; c'est par les bévues de l'ignorance, dont a profité l'impiété. Mais ses efforts sont impuissans, la voix du ciel domine les cris de la terre, la vérité est inaltérable : en vain nous obscurcissons sa lumière par nos vices et nos passions, les pas rétrogrades que semble faire la raison ne sont qu'apparens; tôt ou tard elle surgira dans tous les cœurs, car Dieu a dit : Le ciel et la terre passeront, mais mes paroles ne passeront pas. Et n'en voyons-nous pas chaque jour l'éclatant témoignage? Déjà la jeune science est d'accord avec la vieille tradition; la moderne physique a confirmé la voix du prophète, et l'enfant du siècle n'a plus, comme son prédécesseur, souri dédaigneusement devant les secrets de l'arche. Plus instruit, il a été plus religieux, et il le deviendra plus encore. Oui, la masse gagne; oui, le passé nous a servi à améliorer le présent et préparer l'avenir; oui, les fils se garderont des fautes des pères, et l'expérience des âges ne sera pas perdue pour nous. »

— « Je le veux bien, dit le souffleur, acharné sur le saint homme : nous sommes en progrès, mais en vérité, et je le répèterai cent fois, ce n'est pas dans l'église, et notamment dans sa métropole. Quoi que vous en disiez, la raison de la ville de St.-Pierre n'a pas fait un pas depuis dix-huit cents ans, et un abbé du Corso, en 1834, en sait moins qu'un affranchi du Forum sous Claude.

« Et pour imiter Rome, tout le reste de l'Italie se vautre dans les reliques, les bulles et les indulgences, sans compter que nous serions bien tentés d'en faire autant. Et comment peut-il en être autrement? Je viens de vous dire ce que je pensais de votre enseignement : de qui le tenons-nous ? de notre nourrice ou bien de notre précepteur, qui l'a reçu de la sienne. Aussi, les trois quarts de nos concitoyens croient encore que le soleil n'est pas plus grand qu'une meule de moulin. Ils vous siffleront, si vous leur dites qu'il est plus étendu que le département des

Ardennes; ils vous croiront tout-à-fait fou, si vous les avertissez que ce n'est point notre Saint-Père qui ouvre les portes du paradis aux fidèles de Saturne et de Syrius ; et si vous avancez que Jésus-Christ a un vicaire ou un représentant dans chacun des globes qui roule sur nos têtes, vous serez lapidé, ni plus ni moins que si vous souteniez qu'il y en a un par village.

« Ensuite, sont-ce les prêtres qui abétissent leurs ouailles, ou les ouailles qui abétissent les prêtres ? Je ne le sais pas bien positivement; je croirais qu'ils y contribuent de leur mieux de part et d'autre, chacun pour ce qui le concerne.

« Ce qui est certain, c'est que si les peuples riaient au nez des docteurs, lorsqu'ils leur présentent des poupées, les docteurs leur offriraient bien vite autre chose. Partout on taille de l'ouvrage à la mesure de ceux qui l'emploient. Dans le pays des Lilliputiens, on fait des haut-de-chausses de trois pouces ; dans celui des Patagons, on les fait de trois pieds. La raison des masses est l'éperon des puissans, l'échelle des savans. Ayez des malades qui raisonnent, vous aurez des docteurs raisonnables qui leur donneront des consultations raisonnées, et au lieu de médecines de chevaux nous prendrons de la tisane de chrétien. »

— « Monsieur, monsieur, dit le curé en secouant tristement la tête et prenant au sérieux les balivernes de l'homme à la controverse, je suis loin de prétendre que vous n'êtes pas catholique, car je l'espère encore, mais, certes, je puis bien assurer que vous n'êtes pas consolant. »

— « Peut-être, dit M. Narcisse; ou si je ne le suis pas, je ne demande pas mieux que de le devenir. Ce que je dis ici n'est absolument que dans l'intérêt de votre robe, pour laquelle, malgré la mienne et la rigueur avec laquelle vous la traitez, j'ai toujours eu une affection particulière. Oui, monsieur l'abbé, moi j'aime les prêtres, les bons, s'entend, et c'est à cause de cela que je dois les avertir de se tenir en garde contre le temps. S'ils étaient, il y a cinq siècles, au dessus de la civilisation, n'ayant pas marché avec elle, ils sont maintenant au dessous. Or, s'ils ne veulent pas suivre le siècle, ils resteront derrière, ils périront, et le catholicisme avec eux.

« Pour remédier à cela, pour avoir un clergé à la hauteur des temps, c'est-à-dire citoyen et patriote, qu'il n'aille donc plus puiser hors de la patrie des doctrines rétrogrades et des préceptes ultramontains;

que chaque état ait son pontife indépendant du voisin. Il n'est pas plus raisonnable que la France soit soumise à l'évêque de Rome qu'à son commissaire de police, ou que Rome ne le soit à celui de la lune ou de la grande ourse. »

— « Monsieur, répondit le curé, je n'irai pas chercher mes exemples si haut ni dans ces mondes qui roulent si loin de nous ; car, pauvre ignorant, je ne sais pas ce qui s'y passe : j'ignore donc s'ils ont un chef visible de leur église ; mais, il me semble que dans celui-ci, il vaut mieux qu'il n'y en ait qu'un. Il faut en toutes choses un centre, une unité ; je ne parle pas des questions d'administration et de politique, cela regarde les maîtres temporels ; je parle des règles de croyance et de raisonnement, et je ne vois pas ce qui les rendrait plus lumineuses, si chaque souverain s'en faisait l'interprète, et quel avantage les nations y trouveraient. Les Russes sont-ils plus libres et plus éclairés depuis que l'autocrate s'est fait le chef de la religion du pays ? Les Anglais doivent-ils aux décisions soi-disant canoniques d'Henri VIII, la prospérité de leur commerce ? Non, gardez-vous de faire de votre souverain le grand théologal de votre pays, car il est probable qu'il en abusera en faveur du despotisme. Evitez encore plus d'avoir chez vous un évêque unique de votre église. Rival ou instrument du gouvernement, pour lui ou contre lui, il sera toujours une plaie pour vous.

« Ne désirez pas davantage attirer chez vous le chef de la religion universelle, et attacher son trône à votre sol. Sans doute l'influence de ce trône est grande, mais sont-ce des amis ou des ennemis qu'elle vous amènera? Voyez à combien d'attaques, de révolutions, d'invasions, les rivalités ou les prétentions des concurrens à la chaire de Saint-Pierre ont exposé la malheureuse Rome. Jamais un demi-siècle ne s'est passé, depuis 1200 ans, qu'elle n'ait été conquise et ravagée; et des questions purement scholastiques ou simplement de droit et de préséance étaient la cause ou le prétexte qui allumait le feu.

« Et croyez-vous qu'il y aurait moins de querelles quand il y aurait plus de rivaux? Et quelle confusion ne résulterait-il pas en Europe, si chaque état voulait avoir son patriarche indépendant? Le premier soin de cet apôtre spécial serait probablement de changer la religion de la patrie. Et qu'y gagneriez-vous? ce qu'y ont gagné ceux qui vous ont précédé.

« On attribue à la foi l'intolérance et les persécutions : sachez qu'elles ne viennent que du défaut de foi. Si tant de faux prophêtes n'avaient commenté et embrouillé ce qui était clair, et n'avaient voulu nous faire adopter pour loi ce qui n'était que leur caprice ou leur rêverie, il n'y aurait jamais eu de martyrs.

« Chaque édifice a sa base ; tout ordre a ses principes. Les règles une fois posées et reconnues vraies et nécessaires , si chacun y ajoute ou y supprime, il n'en adviendra que des troubles, des malheurs et des crimes.

« Quel profit a tiré l'humanité des sectes et des schismes ? Ne les envisagez même que comme révolutions politiques, et prenez , si vous le voulez , vos exemples hors du giron de notre mère la sainte église; puisez dans les annales des nations barbares ou infidèles : qui a fait les malheurs de l'Asie, de l'Afrique, après l'adoption du Coran? C'est la séparation des schistes ou hérétiques d'avec les sunnites ou orthodoxes ; ce sont les querelles entre les abassides, les omniades et les fatimites, qui tous voulaient être les seuls héritiers légitimes de Mahomet, et les conservateurs infaillibles et exclusifs de la vraie doctrine. C'est encore aujourd'hui ce qui fait la haine entre le schah de Teheran, partisan d'Ali, et le sultan de Constantinople, sectateur d'Omar.

« Et si vous rentrez dans notre civilisation, dans nos croyances chrétiennes, je vous le demande encore, qu'a acquis l'Europe depuis trois siècles en raison et en industrie, par suite de la division dans le dogme? Quel bien nous ont fait Luther, Calvin, Mélincton, Jansénius? Existe-t-il moins d'abus dans les états protestans que dans ceux qui sont restés fidèles au culte de leurs pères? Et nos villes calvinistes valent-elles mieux que les catholiques?

« Ce que je vois de réel, c'est que la réformation n'a détruit ni l'orgueil, ni l'intolérance, ni l'esprit de domination et d'envahissement, et qu'il y a plus à épurer dans l'église d'Angleterre depuis l'épuration, qu'il n'y avait avant. En résumé, la réformation n'a réformé personne, et pour ne rien gagner, il aurait mieux valu laisser les choses telles qu'elles étaient; on aurait évité bien des maux. »

Pendant ce discours, le vigneron qui n'entendait plus la voix du souffleur, avait doucement sorti sa tête de la couverture. Bientôt sa nature verbeuse reprenant le dessus, et le sujet ranimant son éloquence, il s'écria : « Vous avez raison, mon voisin, tous ces faiseurs d'hérésie, en servant de matière à la persécution et en persécutant eux-mêmes, ont retardé l'émancipation intellectuelle de l'Europe et la véritable réformation de l'église; ils ont laissé la besogne à moitié, ou plutôt ils ont fait un trou d'un côté pour mettre une pièce de l'autre; ils auraient donc mieux fait, les savetiers qu'ils sont, de se tenir tranquilles.

« Il viendra un temps, et peut-être il n'est pas éloigné, où la morale évangélique, rendue à sa simplicité primitive, paraîtra dégagée de toutes les souillures qu'y a attachées l'ignorance; mais ce n'est pas avec le fer, avec le feu, avec des déclamations furibondes, qu'on pourra arriver à ce résultat; c'est par le témoignage de la vertu et l'ascendant de la raison; c'est lorsqu'un homme véritablement inspiré de Dieu, assis sur le trône de Saint-Pierre, saura par la puissance de son génie s'élever à la hauteur de sa mission.

« Ah! que la carrière d'un pape, ami clairvoyant de la religion et de l'humanité, doué d'un esprit vaste et entouré d'hommes qui pussent le seconder, serait belle et glorieuse! Quel bien, quel pas immense ne pourrait-il pas faire faire à l'intelligence, en la débarrassant des lisières qui entravent encore sa marche, en brisant ces jalons qui ont pu paraître utiles dans des temps barbares, mais qui, dans ceux où nous vivons, servent seulement d'armes à l'incrédulité et de levier à l'esprit de discorde! Oui, au souffle du Dieu fort, on verrait tomber ces barrières qui séparent encore les nations chrétiennes, et tous les peuples de l'Europe formeraient une grande famille unie sous un seul sceptre, celui du bon sens.

« Mais ce sceptre, qui le saisira? Ce n'est pas le bras qui tient le glaive, ce n'est pas non plus celui qui porte la marotte; non, non, ce bras doit être attaché à un cœur, à une pensée, à une tête d'homme enfin, et le préjugé repousse ces têtes de la tiare.

« Si un Charlemagne, un Napoléon y eussent porté leur génie et leur puissance, si au lieu de tuer ils eussent éclairé, peut-être le code de la religion et celui de la politique ne seraient plus qu'un; les droits des peuples seraient ceux des rois, et la loi civile serait aussi la loi religieuse. »

Ici le malade épuisé s'arrêta et parut s'assoupir.

— « Eh bien! que dites-vous du professeur et de l'élève, murmura dans l'oreille du curé la vicomtesse qui avait quitté son journal? On en a brûlé cent qui le méritaient moins. Ah! monsieur, vous aurez fort à faire pour tirer ce pauvre homme de l'abîme! Il est plus hérétique que Judas Iscariotte; et quant à l'autre, c'est Satan en personne. »

— « Doux Jésus! est-ce possible, s'écria douloureusement la portière? »

— « Ne condamnons légèrement qui que ce soit, reprit l'ecclésiastique, et moins qu'un autre un pauvre malade dont l'esprit est affaibli, et qui tout en parlant de comprendre ne s'est peut-être pas compris lui-même. Mais sans savoir entièrement ce qu'il a voulu dire, je puis vous rendre ce qu'il a voulu penser, car il y a quarante-cinq ans que nous argumentons ensemble. »

Le prêtre allait continuer sa plaidoierie; mais le souffleur qui avait entendu l'*a parte* de la dame, le prévint.

« Je suis de l'avis du malade, dit-il, quoiqu'il ne veuille pas être du mien. Oui, ma chère dame ; oui, monsieur le curé, puisque vous ne croyez pas au partage de l'infaillibilité, et que vous ne voulez qu'un seul pape, il faut au moins qu'il soit bon et valide. Et vous en aurez toujours de rachitiques et au front desquels la triple couronne passera comme un cerceau, tant qu'on les élèvera, ainsi qu'on le fait, à l'ombre du cloître ou d'une diplomatie de Caillettes ; tant qu'on les laissera au choix des cardinaux, qui sont intéressés à les prendre vieux et sots, pour les mener de leur vivant et les remplacer après leur mort.

« Enervés par l'âge ou garrottés de préjugés, couverts d'emplâtres et d'agnus, nos vieux pontifes, au lieu d'embrasser largement la question, au lieu de réunir, par des concessions que la raison réclame, tous les cultes sous une même bannière, s'amusent à jouer à la chapelle et à traîner leur gothique châsuble dans la poussière de leurs prédécesseurs.

« Pourquoi, comme l'observait à l'instant ce brave industriel, pourquoi conservent-ils ces croyances inutiles, ces pratiques bizarres, insensées, dispendieuses et quelquefois folles? On dira que le peuple est encore peuple, que l'homme est toujours enfant, qu'il a besoin qu'on lui parle aux yeux, qu'on l'étonne, qu'on l'éblouisse ; mais on a beau faire, la forme ne répond pas au fond, et les cérémonies de quelque culte que ce soit sont toujours mesquines, et seraient même, par leur ridicule, outrageantes pour la divinité, si la divinité pouvait être outragée. Ensuite, elles occasionent une perte de temps, et le temps perdu ne profite ni dans ce monde ni dans l'autre. En fait de rite, de pratique, d'oraison, demandez si cela est bon à quelqu'un ou à quelque chose? Si cela n'est bon à rien, vous pouvez être sûr que Dieu ne vous l'a pas commandé.

« Voilà ce que vos papes devraient savoir, voilà ce qui ramènerait la simplicité du culte et l'unité d'action; voilà enfin ce qui pourrait faire marcher d'accord les ministres de la religion et ceux du bon sens. »

Le curé resta un instant silencieux, puis il dit : « Pour que je puisse vous répondre, monsieur, il faudrait préciser les faits, et dire ce que vous voulez écarter de notre croyance. »

— « Volontiers, reprit le souffleur; et pour commencer par le commencement, je remonterai à notre premier père et à la condamnation que nous avons encourue par suite de sa gourmandise.

« L'idée du péché originel est fondée sur le code pénal des hébreux, qui confondaient les enfans dans la condamnation du père; mais cette législation est inique. On peut à la rigueur rendre le père responsable des crimes du fils, qui ne les commet, si l'on veut, que par suite des mauvais exemples ou des faux principes qu'il a reçus. Mais punir le fils d'une faute antérieure à sa naissance, d'une faute qu'il ne pouvait ni prévoir ni empêcher, est le comble de la déraison.

« Je dirai plus : une pareille opinion est ennemie de toute morale. En effet, que deviennent la volonté, la liberté, le bien, le mal, le vice, la vertu, enfin Dieu lui-même, si l'on admet la fatalité du crime? »

— « Monsieur, répondit le curé, usant de son argument favori, vous présentez encore ici comme vérité primitive, comme article de foi, ce qui n'est évidemment qu'une tradition ou une allégorie dont nous avons perdu le véritable sens. Pour attaquer cette tradition du péché originel, vous lui supposez des conséquences qu'il ne peut avoir, et que nulle part les pères, les conciles et même les commentateurs ne lui ont donnée.

« Dieu est la justice même, il ne peut condamner l'innocent pour le coupable. Celui qui est frappé, c'est qu'il le mérite; car ce qui est, doit toujours être la conséquence de ce qui a été, et l'homme déchu ne l'est que par son libre arbitre : s'il est puni, il était criminel. »

— « Certainement, s'écria la portière, ce ne peut être là haut comme dans notre quartier, où l'on vient de mettre notre voisin à Sainte-Pélagie, parce que madame a fait des dettes. »

— « C'est possible, reprit le souffleur, mais il n'est pas moins vrai que nous agissons comme si, au ciel, il en était ainsi. Je le disais à votre paroissien, il y a trois jours, quand nous priions ensemble pour les trépassés. Ces pénitences pour autrui, ces macérations en avance de compte, ces expiations de commande si usitées dans nos paroisses, sont la conséquence d'une croyance qui attribue à Pierre ce qui est à Paul; on fait dire une messe quand on a menti, l'on donne aux pauvres la dîme de ce qu'on a volé, ou l'on fonde un couvent de trapistes qui jeûnent, tandis qu'on se vautre dans la lèchefrite ; et c'est ainsi qu'on gagne son auréole de saint. A l'armée, du moins, lorsqu'on fournit un remplaçant, c'est lui qui porte les épaulettes s'il les gagne, et le remplacé ne réclame jamais la Croix quand son homme a pris un drapeau.

« Il résulte de tout cela, que le salut n'est chez vous qu'un trafic, une transaction toute aussi fiscale et mercantile que l'achat d'une rente; c'est un placement à intérêt, encore n'est-il pas loyal, puisqu'il ne consiste qu'en monnaie de singe, qu'en avances fictives, c'est-à-dire en dévotions par procureur.

« Mais admettez que vous les fassiez vous-même, je vous demanderai encore : où mènent les grimaces? fussent-elles fondées sur la conviction, fussent-elles même vertus dans votre endroit? Je vois, moi, qu'en tout pays, les vertus locales et de convention, en tenant la place de celles réelles, en faisant croire à ceux qui les ont qu'ils sont dispensés des autres, deviennent de véritables plaies pour la société.

« Et quand ces pratiques sont fastidieuses, quand, par l'ennui qu'elles causent, elles rendent la dévotion difficile, il en arrive que l'homme qui doute de la possibilité de se sauver y renonce, et que, dans la vie présente, désespérant d'acquérir la perfection, il ne s'occupe pas même à devenir supportable.

« Bref, si j'étais pape ou seulement le Concile de Trente, je supprimerais tous les oremus inutiles, et je raccourcirais de moitié ceux qui ne le sont pas.

« Je ferais baptiser, marier et enterrer pour rien, et je voudrais qu'on ne mît pas un cierge de plus pour un prince que pour un marmiton ; car si l'égalité doit régner quelque part, c'est dans le temple, et à l'heure du jugement.

« Je ne conserverais de la grande armée des moines et religieuses, que ceux qui travaillent, étudient, instruisent les pauvres et soignent les malades ; mais je leur donnerais une règle en harmonie avec le temps, et qui n'en fît ni des épouvantails ni des pourceaux. Je voudrais même les élever au dessus du vulgaire par les mœurs, l'instruction et les talens ; et pour y parvenir, je me garderais de les cloîtrer. La solitude ne rend personne meilleur : elle porte à l'égoïsme, aux vices secrets, elle amaigrit le cœur et livre l'esprit à la matière.

« Je ne voudrais ni de flagellans ni de pénitens. J'écarterais du catéchisme la terreur, les feux et les abîmes. Ces idées sombres, effrayantes ; cette pensée de la mort que les ministres de vos autels voudraient voir sans cesse à leurs disciples ; cet appareil lugubre, toutes ces noires conceptions n'ont aucun but utile, et ne sont propres qu'à flétrir l'ame et à faire des esclaves et des séïdes. »

Le curé, qui méditait depuis un instant sa réponse, interrompit ici l'homme à la controverse : « Monsieur, je ne suis pas plus que vous pour les moyens de rigueur et d'effroi, et j'estime peu quiconque n'aime Dieu que de peur du diable ; mais la tristesse n'est point un mérite, la religion n'a jamais proscrit une innocente joie : Jésus souriait à Marie. Je pense donc, monsieur, que la sagesse et la gaîté peuvent très bien s'allier ; je dirai même que les gens contens valent ordinairement mieux que ceux qui ne le sont pas ; il semble qu'une joie douce tend à amortir les passions. Les animaux gais, les oiseaux chanteurs ne sont jamais cruels, tandis que les bêtes de proie, comme les grands criminels, ont toujours été d'humeur sombre. Celui qui va commettre une mauvaise action est rarement joyeux, il l'est encore moins après.

« Je conclus que les habitudes ascétiques poussées à l'excès, les méditations continuellement tristes, sont pernicieuses. Regarder la vie comme un passage, un temps d'isolement où l'on ne doit rien faire que gémir, est une erreur ; nous sommes ici-bas pour travailler, nous rendre utiles, et profiter en même temps de tous les biens que Dieu nous a donnés.

« Vous prétendez aussi que le propre d'un homme qu'on appelle dévôt est de confondre l'apparence avec l'œuvre, et de se croire dispensé de faire le bien réel en faisant un bien de règle et de convention, et peut-être un mal très positif. Oui, monsieur, malheureusement cela est ; oui, cet homme jeune, il se macère, il se flagelle ; fier de ce qu'il regarde comme une haute sagesse, il ne craint pas d'être intolérant, envieux, menteur, mauvais époux, mauvais père, mauvais citoyen. Et pourquoi s'est-il ainsi égaré ? C'est qu'en exagérant ce qui en soi peut être utile, c'est qu'en prenant pour la vertu même ce qui n'est qu'un moyen d'y parvenir, il est sorti de la voie ; c'est qu'il a perdu de vue l'humilité, mère de la modération, et qu'il n'a sacrifié qu'à l'orgueil. Mais le fond des choses n'en reste pas moins le même ; et parce qu'on a abusé de la manne, la manne n'est pas moins un don du ciel.

« Sans doute, dépenser sa vie en pratiques et en formules, c'est en faire un mauvais usage. Sans doute encore, un homme qui prie sans songer à ses semblables, sans les secourir dans leurs dangers, sans les aider dans leurs besoins, est plus égoïste que saint, et ne peut pas plaire à Dieu. Mais la prière devient-elle pour cela un mal? Non; expression d'une reconnaissance adressée au ciel, elle nous en rapproche, elle nous y place pour ainsi dire, elle nous rappelle l'auteur de tout bien, Dieu, la plus belle, la plus grande de toutes les pensées.

« En priant pour nos frères, nous nous confirmons dans l'amour que nous leur devons; en priant pour nos ennemis, nous leur pardonnons et nous les disposons à nous pardonner.

« Les prières que nous adressons pour nous-mêmes dans le besoin, nous aident à le supporter. Dans le péril, elles raniment notre courage, elles doublent notre force en doublant notre confiance ; et en nous préservant de l'inertie, elles nous sauvent du mal.

« Elles ne sont pas moins utiles dans la prospérité, parce qu'elles écartent l'orgueil, nous font souvenir de ce que nous sommes et de ce que nous devons aux autres. »

— « Mais à ces prières, dit le souffleur, vous ajoutez des vigiles, des quatre-temps, des carêmes, bref, mille et mille tracasseries dont il est assez difficile d'expliquer la fin et le motif. Je vous demanderai en quoi le créateur de l'univers peut attacher tant d'importance à votre cuisine? et si ce n'est pas là un reste d'idôlatrie ou plutôt la tradition de quelque réglement d'un commissaire à la volaille de la halle de Canaan? ou encore de quelque marchand de bestiaux de la vallée de Josaphat, qui voulait laisser à sa marchandise le loisir d'engraisser.

« Mais quels qu'en soient le but et l'origine, ne serait-il pas à propos de lever pour rien une défense qu'on fait annuler pour trente sous? et de laisser au cuisinier l'ordonnance du dîner, et aux médecins la prescription de la diète? Cela rentre absolument dans leurs attributions, et puisque Dieu a condamné les ivrognes au mal de tête et les gourmands aux indigestions, chacun doit manger à sa guise et appétit sous sa propre responsabilité.

« Si ce que vous en faites est par humanité, par prudence et pour en imposer aux goinfres, je vous dirai que si trop manger fait mal, ne pas manger assez n'en fait pas moins; et se tuer par abstinence ou par excès, ne doit pas être plus agréable au ciel, qui veut que tout le monde vive.

« Ajoutez que celui qui se croit en péché mortel pour avoir pris un bouillon, commettra sans plus de scrupule un bon gros forfait véritable, parce que, selon lui, il n'en sera ni plus ni moins, et que puisqu'il doit être damné il veut l'être pour quelque chose. »

Le curé allait répliquer, l'orateur ne lui en laissa pas le temps :

« Je sais ce que vous allez me dire, mais comme vous ne me convertirez pas sur ce point, je passe à un autre.

« C'est un de ceux auxquels votre robe tient beaucoup, car il s'agit des offrandes, qui, selon vos saints confrères, ne sont pas moins bonnes au salut que la prière et le jeûne.

« Les donations faites aux temples ont remplacé les sacrifices, et je vois qu'en tout pays les unes et les autres ont été fort utiles aux prêtres ; mais à la cause de la morale et de la raison, je voudrais savoir en quoi ?

« Les dons, les offrandes, les holocaustes usités chez les nations primitives, sont basés sur ce précepte, qu'il faut donner quelque chose pour avoir quelque chose. Les sacrifices ont donc existé chez tous les peuples, dès qu'ils ont eu une idée d'échange et de commerce. Mais une pareille transaction devient absurde lorsqu'il s'agit de Dieu ; elle indique la grossièreté des premiers âges : rien de ce que nous avons n'est utile au ciel, et il faut que nous ayons une idée bien misérable de la Divinité, pour penser que nous pouvons la séduire ou la fléchir en lui offrant la vie qui ne nous appartient pas, d'une bête innocente, ou un sac d'écus peut-être assez mal acquis. »

Le pasteur aurait pu lui dire ici que la religion chrétienne avait banni les sacrifices, et qu'aucune loi n'ordonnait de donner au temple; mais il voulait traiter la question d'une manière classique, et après quelques citations que nous laissons de côté :

« Je pense comme vous, monsieur, que les offrandes de sang tiennent à l'enfance de la société et aux siècles barbares, et c'est pour cela que l'église les a proscrites. Mais offrir à Dieu des fleurs, des fruits, est une cérémonie au moins innocente ; je dis plus, elle est morale. Dieu est le principe de toutes choses; l'homme qui lui doit tout, peut donc lui présenter les prémices de ses bienfaits. On dira qu'il ne fait que lui offrir ce qui lui appartient ; non, ces fleurs, ces fruits, produit du travail, de l'industrie de l'homme, sont bien à l'homme, et ces offrandes ne sont pas sans quelque utilité, ne fût-ce que pour constater le droit divin de la propriété.

« Sans nous étendre davantage sur le sujet, croyez que dans le sacrifice, comme dans la prière, le mérite est moins en la chose même que dans l'intention. Croyez qu'adorer Dieu ne consiste pas à lui présenter de l'or, de l'encens ou de la mirrhe, ni à se prosterner devant une image : non, non, la véritable adoration est d'aimer la vertu, c'est de la pratiquer, c'est de perfectionner sa raison et son intelligence, c'est de s'élever vers le ciel par la sagesse et la vérité.

« Le meilleur de tous les sacrifices, la plus pure de toutes les mortifications, la plus utile à nous et aux autres, est la charité. Là sont réunies toutes les perfections chrétiennes; là est l'humilité, la bienveillance, là est l'oubli des injures. La charité nous guérit de l'envie, de l'orgueil, de l'avarice, elle adoucit toutes les passions, elle est la mère de la pitié. La charité est de tous les pays et de tous les siècles, et il n'est point d'être assez barbare qui ne l'apprécie et ne l'honore.

« L'espérance est un bien, mais il devenait presqu'inutile d'en faire un précepte; elle est gravée dans le cœur de tous les êtres, et il n'est aucune force qui puisse l'y anéantir; c'est un sentiment indépendant de nous; il nous vient de Dieu, il nous ramène vers lui. Toutes les lois, tous les préceptes, n'auraient pu nous donner l'espérance. Mais elle n'abandonne personne; le plus malheureux, le plus égaré, le désespéré même ne la perd jamais entièrement, et le suicide, tout coupable qu'il est, a entrevu une meilleure vie et la fin de ses douleurs.

«Quant à la foi, je me suis tout-à-l'heure expliqué: la foi n'est point l'obligation de s'abstenir de penser, non, le premier droit de tout être, et je dirai même son premier devoir, est de réfléchir sur ce qu'il fait, sur ce qu'il croit, et d'en sentir, autant qu'il dépend de lui, la cause, le but et la moralité. Quel mérite aurait aux yeux de Dieu celui qui dirigerait sa conscience d'après un précepte inconnu? Ce qui est purement machinal ne peut être vertu; sans intention il n'y a pas d'œuvre, et Dieu n'a point borné le sien; il a émancipé la créature, il nous l'a dit lui-même, il nous le dit sans cesse; s'il ne s'est manifesté corporellement qu'à quelques hommes, il parle chaque jour à tous par ses bienfaits, par la grandeur de cet univers. Là, quel est l'être qui ne l'a vu, qui ne le voit toujours? Et comment ne le verrait-il pas? Il suffit de lever la tête et de considérer ces milliards de globes qui brillent dans l'espace, et qui, habités par des êtres pensans comme nous, plus parfaits que nous peut-être, rendent, par l'ordre admirable qui les régit, témoignage de la main immense qui les créa.

«Si la foi consiste à croire à ses commandemens,

voyons quel est celui qui ne soit pas clair, qui ne soit pas utile?

« 1° Tu adoreras Dieu. Rien de plus net, et je puis ajouter, rien de plus raisonnable. Nous venons de voir que c'est ce sentiment qui contribue le plus à élever notre ame, et par conséquent à développer cette même raison en faveur de laquelle vous réclamez.

« 2° Tu ne prendras pas en vain le nom du seigneur : c'est-à-dire tu ne mentiras pas, tu ne tromperas jamais, tu ne blasphèmeras pas, tu ne feras point prévaloir l'erreur, tu te respecteras toi-même en respectant le nom de Dieu; tu rempliras tes engagemens, tu seras un honnête homme. Qu'y a-t-il dans tout cela qui ne soit bon, qui ne soit précis ?

« 3° Tu honoreras ton père et ta mère. Quoi de plus juste? quoi de plus nécessaire? Tu vivras si tu obéis à ce précepte, dit encore le décalogue. Oui, oui, les nations qui brisent les monumens de leurs ancêtres cesseront bientôt d'être nations.

« 4° Tu ne tueras pas. Quel être raisonnable n'a ce principe dans le cœur? Quel homme a gagné quelque chose à verser le sang d'un homme? demandez-le à l'assassin.

« 5° Tu ne déroberas pas.

« 6° Tu ne corrompras pas la femme d'autrui.

« 7° Tu ne commettras aucune action honteuse, dégradante, contraire à la nature et à la raison, soit sur toi-même, soit sur les autres. Où est l'obscurité dans tout ceci ? où trouvez-vous un seul mot qui ne soit pas fondé sur l'intérêt commun et la plus saine philosophie ? Aussi ces commandemens sont-ils la base de toutes les religions, de toutes les sociétés, de tous les gouvernemens, et celui qui les oublie marche à sa ruine.

« Tels sont les sept premiers préceptes du décalogue. Vous le voyez donc, toutes les lois qui méritent ce nom ne sont que des dérivés des commandemens de Dieu, et s'ils étaient respectés il ne faudrait pour rendre les hommes libres et heureux, ni d'autres chartes ni d'autres contrats, car là est tout le code social, là est toute la civilisation.

« Il est ensuite quelques règles posées pour le bien-être, pour la paix physique et morale des peuples. Ce sont des moyens de conduite pour les éloigner du vice, pour les amener à la modération, pour prévenir les excès : ces règles sont également d'une précision, d'une lucidité remarquables; si vous ne le sentez pas, c'est que vous n'êtes pas un être raisonnable.

« Eh bien ! ce qu'on vous recommande par la foi,

c'est d'y avoir confiance, de les écouter, et après les avoir compris, de vous conduire en conséquence. »

Le souffleur, malgré son impertinence habituelle, ne répondit pas de face, il biaisa; il prétendit qu'il n'attaquait pas la religion, mais simplement les abus, que si le dogme était sacré, le rite rentrait dans le domaine de la discussion, comme tout autre chose. Puis, il fit encore quelques excursions à droite et à gauche, frappant un peu sur tout le monde.

Le curé lui répliqua de son mieux; il en était sur les grandes vérités évangéliques, la vicomtesse avait cessé sa lecture, le vigneron s'était recueilli, la portière priait à voix basse, et M. Narcisse sifflait dans ses dents. Mais l'arrivée d'un interlocuteur à moustaches fit baisser la voix du prédicateur. Peu habitué aux ricaneurs, espèce inconnue dans sa paroisse, et assez embarrassé d'un, il n'était pas en mesure de répondre à deux.

En outre, il se souvint qu'il avait un rendez-vous avec le ministre de l'intérieur, le directeur des domaines, le chef de division des travaux publics, et quelques autres grands dignitaires de l'église. Il prit donc congé du vigneron, et sortit en lui disant qu'il reviendrait dans la soirée.

Post-Face

OU

AVIS AU LECTEUR.

POST-FACE

OU

AVIS AU LECTEUR.

Ici l'éditeur va paraître en scène pour la dernière fois, non pour faire amende honorable et demander pardon de toutes ses sottises, puisqu'il l'a déjà fait ; mais pour s'accommoder, s'il est possible, avec l'imprimeur et le libraire, qui lui font une guerre d'extermination.

Il va en peu de mots vous exposer l'attaque et la défense, et vous dire franchement et naïvement le sujet du livre, ce que personne n'a encore deviné.

Il est en présence desdits industriels, deux profonds philosophes Voltairiens, qui, après lui avoir adressé mille injures en haine de la religion et de la littérature, lui criaient :

« Mais, monsieur, vous avez commencé par les gens de Saint-Mathieu, et vous finissez par le bon Dieu. »

— « C'est qu'il faut toujours finir par là, répondait l'éditeur. »

— « Mais, continuait le libraire, qui était le plus enragé, a-t-on jamais traité des matières théologiques, canoniques et politiques en in-dix-huit? c'est une véritable profanation : de pareils sujets ne doivent figurer que dans des volumes pesant chacun vingt-six onces, poids de marc, et je n'en recevrai pas d'autres ; ainsi, travaillez en conséquence. »

A cette déclaration, le pauvre homme de plume reculait comme si un ours eût voulu le lécher ; il se rappelait le mal qu'il avait eu à remplir une petite brochure pesant à peine un quarteron, et pas plus épaisse qu'une galette, et il calcula en frissonnant ce qu'il aurait à faire pour fournir une si grosse brioche. Car, comment se fait la pâtisserie littéraire? Croit-on qu'elle lève toute seule et qu'il suffise de mettre la pelle au four? Non, le plus maigre feuilleton ne cuit qu'à la sueur du front de l'éditeur. Si vous aviez connu celui dont il s'agit, il vous aurait fait peine, tant il était devenu sec et maigre, par suite de l'inflammation de son génie qui avait gagné les entrailles; et cela s'explique facilement par la vie qu'il menait.

Véritable manœuvre d'écritoire, il passait ses jours et une partie des nuits à tenir registre de ce qu'il entendait; et c'était toujours la même chose, et plus souvent encore ce n'était rien du tout. Il lui est arrivé, par exemple, d'aller le matin à un cours d'histoire, à midi à un cours de physique, à une heure à la chambre des députés, à trois heures à l'académie des sciences, et le soir dans cinq ou six réunions littéraires. Rentré chez lui à minuit, il avait, de compte fait, et sans désemparer, écouté discourir et argumenter pendant douze bonnes heures. Eh bien! de toutes ces paroles prononcées avec accent, ponctuation, inflexions, mesure, gestes, et en excellent français, il n'avait, à minuit, tiré ni une conclusion ni une pensée, et encore moins une raison : il lui semblait qu'il avait passé toute la journée à feuilleter le dictionnaire des rimes.

Il restait alors pénétré d'admiration pour l'idiôme de la patrie, pour cette richesse d'harmonie, cette variété de sons qui permettait à tant de gens, dont pas un ne savait la musique, d'amuser le public et de s'amuser eux-mêmes en remuant simplement leur langue, à peu près comme ce grand professeur italien, lorsqu'il faisait pâmer Paris à ses sublimes concerts sans paroles ni chants.

Mais sa vénération pour le dialecte national diminuait considérablement dès qu'il prenait la plume; car, qu'il y ait ou non un sens et des idées dans la musique, elle ne s'écrit pas moins dans tous les tons, dièzes ou bémols, en trois temps, ou six-huit, selon le goût du compositeur. Quant à celle dont il s'agit, il se trouvait dans l'impossibilité aussi absolue d'en noter une seule mesure, que s'il eût été question de la voix d'un moulin. Et cela venait de la subtilité de la phrase que chacun avait bien entendue, mais que nul n'avait pu saisir.

Quand l'éditeur avait exprimé à sa manière le tracas que cela lui causait, le libraire lui répondait :

« Mais, monsieur, puisqu'un gros livre présente de si grandes difficultés, comment arrive-t-il qu'il y en ait tant, et qu'il en paraisse encore tous les jours? Il est bien vrai que les trois quarts sont en blancs, guillemets, culs-de-lampe et vignettes, mais enfin l'autre quart ne se fait pas tout seul; et ce que tout le monde fait, comment ne pourriez-vous pas le faire? Est-ce donc la mer à boire? Je vous dirai, moi, que lorsque j'ai besoin pour le jour de l'an d'un ouvrage de poésies nouvelles, c'est le dernier de mes commis que j'en charge, et toujours il s'en acquitte admirablement; je ne vois pas pourquoi la prose serait plus difficile. Ainsi, monsieur, il me faut un in-octavo ou rien. » Et là dessus il lui tournait le dos, le laissant se débrouiller avec l'imprimeur.

Celui-ci n'était pas beaucoup plus poli que l'autre, quoiqu'en littérature d'une opinion toute différente. Si le libraire voulait une grosse suite à l'ouvrage, lui n'en voulait pas du tout, vu que depuis quelque temps il s'était adonné exclusivement à la partie des affiches, genre qui tient également du classique et du romantique, et qui, accueilli partout, réunit pour celui qui s'y livre l'utile à l'agréable.

Bien convaincu qu'il n'y avait pas d'autre voie à la gloire et à la fortune, notre imprimeur éprouvait toujours une irritation plus ou moins grande, quand on venait lui proposer une opération qui sortait de la nature de son commerce ordinaire, et il aurait volontiers jeté à la porte l'auteur dont le manuscrit excédait la dimension d'une feuille d'annonces. Aussi était-il fort mal disposé envers le nôtre, de qui l'œuvre s'alongeait d'instant en instant, comme le liquide du vidre-come allemand quand il fait le tour de la table.

Dans sa méchante humeur, il cherchait tous les moyens de chicaner le pauvre homme : « Monsieur, lui disait-il, je vous avouerai franchement que je suis bien las de vos opinions ; que ce soit les vôtres ou celles de votre marchand de vin, peu importe : voler n'est rien en littérature, falsifier est peu de chose ; mais qu'est-ce qu'un livre qui ne conclut jamais? qui dit alternativement blanc et noir? qui répète vingt fois la même chanson? » Et là dessus, joignant la preuve à l'accusation, il lui défilait une kyrielle de redites, de néologismes, solécismes, barbarismes ; puis mettant face à face les faits et les gestes, les raisons et les propos, il en faisait ressortir toutes les balourdises et inconvenances.

Le coupable éditeur, serré ainsi dans ses propres iniquités, accablé de l'évidence de son propre girouettisme, baissait la tête sans répondre ; son humilité ne faisait que rendre l'imprimeur plus féroce :

« Et cette quatrième partie! s'écria-t-il, cette quatrième partie!!! comment a-t-on le front d'offrir au public un pareil salmigondi? une pâtée qu'on oserait à peine présenter aux chats d'une bonne maison? A-t-on dans aucun temps volé le lecteur avec moins de vergogne? En donnant des rogatons, on prenait du moins la peine de les accommoder; mais rien de cela, c'est du gargotisme dans toute son horreur. Absence de style, de plan, de méthode, de sujet même; vrai radotage d'ignorantin, il semble qu'un méchant écolier, condamné au *pensum*, ait fait un thême qu'il ne s'est pas même donné la peine de relire. Ah! vous devriez rougir!... c'est une honte! une infamie!!! »

De tant de gros mots, un seul pesait sur l'estomac du prévenu, c'était celui de rogaton; aussi lui servit-il de texte de défense :

« Oui, monsieur l'imprimeur, répétait-il en tremblant, oui, ce sont bien véritablement les restes du repas de la veille; mais si j'ose vous les présenter, c'est dans la conviction qu'il faut plutôt manger vingt fois de la même soupe que de ne pas manger du tout. Ajoutez que quand on a eu une indigestion de quelque chose, on en retient mieux le goût, et qu'après une lecture faite, quelle qu'elle soit, le souvenir en reste d'autant plus que le lecteur a plus franchement enragé et plus cordialement maudit l'auteur. »

— « Enrager! maudire! passe, répondait le fier artiste; mais ennuyer, mais assommer, mais prendre le temps d'un typographe!! d'un descendant de Guttemberg!!! »

— « Ah! s'il n'y avait que perte de temps! disait la voix doucereuse de la dame du logis; mais il s'agit de la perte de notre brevet d'imprimeur de la préfecture! Je vous l'ai dit, mon mari, vous avez eu tort de vous mêler de pareille chose; aucune opinion n'est bonne par le temps qui court. »

Et prenant l'éditeur par les sentimens, la bonne dame, qui était normande, lui disait : « Mon cher monsieur, rien de beau que l'honnête, rien de bon que le vrai; et il n'y a pas un grain de l'un ou de l'autre dans tout ce que vous dites. Je n'y vois qu'un tas de menteries, que mauvaises pointes, méchans rébus, laborieusement aiguisés pour faire rire des gens qui ne riront pas, je vous en préviens. Vous me direz : C'est égal, l'intention y est, et il vaut mieux vouloir faire rire que faire pleurer. Mais savez-vous bien ce que c'est que faire rire?... Expliquez-nous comment vous, respectable bourgeois, qui, bien que vous fassiez le souffreteux, n'en avez pas moins de bonnes nippes et de grosses rentes, vous enfin qui pourriez vivre sans rien faire, vous vous amusez à faire des riens? Qu'est-ce que c'est que ces mille et mille extravagances dont vous assommez le public? Ne serait-il pas préférable, je vous le demande, si vous haïssez l'oisiveté, de prendre un honnête et utile métier, tonnelier, par exemple, menuisier, tailleur? cela n'est-il pas plus décent, plus convenable, pour votre gloire et vos intérêts, que de faire le mauvais farceur sans y être obligé et sans que cela vous rapporte un sou, puisque vous donnez votre marchandise pour rien? »

Touché de ce ton de sollicitude, l'éditeur, se prenant de confiance, commençait à s'ouvrir un peu, ce qu'il n'avait pas encore fait jusqu'à ce moment :

« Ma chère dame, lui faisait-il en répondant à sa dernière phrase, je vous dirai qu'on ne donne jamais rien pour rien dans ce monde spéculateur; et lorsqu'un homme fait quelque chose, c'est pour avoir quelque chose; donc si j'agis comme vous voyez, c'est que j'ai mes raisons. Avez-vous jamais été à la foire?.... Eh bien! si vous y avez été, vous avez remarqué que pour engager le public à entrer au spectacle, le chef de la troupe ne dédaigne pas de monter sur les tréteaux et de faire la parade; il s'humilie même jusqu'à recevoir des coups de la batte d'arlequin. Or, pourquoi un pauvre auteur serait-il plus fier? S'il veut qu'on le lise, s'il veut faire passer des choses sérieuses et peut-être utiles, il faut qu'il grimace à la porte. Là, s'il parvient à arrêter le passant, s'il peut s'en faire écouter, il le décide à entrer et parfois à le croire.

« Ainsi ai-je fait, moi chétif; j'ai paru sur la corde la tête en bas et les pieds en haut; j'ai chanté, j'ai dansé, j'ai sauté; et je ne suis qu'un pauvre homme, ni joyeux, ni ingambe; mais il le fallait.

« A présent, la farce est à la fin : il ne reste plus qu'un petit couplet final que vous allez trouver ci-après, dans un léger chapitre en manière de conclusion, et comme on en voit dans tous les romans, comédies, complaintes, opéras et tragédies.

« Après viendront quelques explications sans conséquence, en forme de glossaire, pour la satisfaction de ceux qui, n'entendant que le français de l'Académie, n'ont pas compris celui de l'auteur.

« Cela fait, jetant la marotte et reprenant ma peau d'homme, je parlerai raison. Alors, ma chère dame, et vous, mes bons amis, si je dis mal, ramassez chacun une pierre et lapidez-moi sans scrupule, c'est un service que vous rendrez au prochain et à vous-même, un méchant discur ne méritant aucune miséricorde.

« Mais si je parle vrai, croyez à mes paroles,

c'est la seule joie que je vous demande, et l'unique que vous puissiez me donner en ce monde et dans l'autre, car je ne veux de vous ni or, ni couronne, mais un peu de votre souvenir quand je ne serai plus. »

Le Dernier Jour
D'UN HOMME.

LE

DERNIER JOUR

D'UN HOMME.

Nous avons quitté M. Cristophe au moment où le curé prenait congé de lui en le laissant aux soins de la dame du logis. Le survenant n'était autre que le jeune docteur, qui avait trouvé baptisé de la veille l'enfant qu'il devait amener au monde, et qui avait encore eu le temps d'expédier trois malades. En apercevant une nouvelle soutane près du lit et à côté de M. Narcisse, en qui, malgré sa démagogie, il croyait toujours sentir une odeur d'église, il avait fait un saut en arrière; mais, après le départ du curé, se rapprochant de son client, il lui demanda comment il se trouvait? « Mieux, répondit celui-ci. » — « Vous voyez l'effet de mon élixir, dit la vicomtesse. » Le républicain sourit, la garde baissa les yeux, et M. Cristophe, épouvanté d'une potion ultra, demanda quel remède on lui avait fait prendre ?

« Le mien, dit le docteur qui crut le rassurer. » Mais il avait encore dans l'oreille les opinions du vice-président ; un remède de la jeune France lui parut aussi redoutable que tous ceux de la vieille. Ce n'est pas que le bonhomme eût mieux aimé un julep intermédiaire, non ; il lui eût fallu, pour le guérir, une tisane à sa guise et qui ne fût saturée d'aucun esprit de routine ni de parti ; bref, un simple extrait de bon sens. Hélas ! les sottises du temps commençaient à devenir d'une digestion trop dure pour son estomac, déjà fatigué de toutes celles qu'il avait péniblement supportées depuis vingt-cinq ans.

Cependant la fière châtelaine, dans son zèle apostolique, s'était crue obligée de remplacer le curé, ni plus ni moins que si elle eût été son premier vicaire ; et, soit pour son hôte, soit pour le reste de l'auditoire, elle continuait le sermon avec une onction vraiment admirable. Ceci fut plus utile à M. Cristophe que tous ses baumes et sirops, car il s'endormit profondément.

Cet incident ne changea rien à la vocation du prédicateur féminin : emportée par la force du sujet, elle poursuivit sa besogne dévote, et les lances de la théologie du faubourg brandirent de nouveau dans sa main vaillante.

Le docteur écoutait, la bouche béante, n'osant souffler crainte d'une brouille. Quant au vieil acteur, qui avait quelque motif de causer seul à seul avec M. Cristophe, il trouvait l'homélie un peu longue, et il ruminait quelque méchant propos, quelque réflexion incongrue, de nature à hâter le dénouement et à pousser la dame dehors, comme une fois déjà il y était parvenu.

Mais le républicain semblait vouloir lui en épargner la façon, quoiqu'il eût précisément l'intention contraire; et à l'occasion d'une grimace qu'avait faite le malade, il se mit, en l'honneur de la vie éternelle, à déblatérer contre celle de la terre, en énumérant les inconvéniens des organes matériels.

« Le corps humain, disait-il, est une véritable machine à douleur; la mâchoire seule est un clavier de souffrance où chaque dent donne un ton d'angoisse différent; l'homme est ici hors de son élément, c'est un poisson sorti de l'eau; ou plutôt ce monde, terre de déportation, espèce de Botany-Bay ou colonie pénitentiaire du ciel, est un lieu d'exil où nous sommes sans doute pour expier des crimes que nous avons commis ailleurs. La propension au vice en est la preuve; la tentation ne peut être que la suite d'un péché précédent : comment aurait-on du goût pour ce qu'on ne connaît pas? Hélas! tenté par sa nature, séduit par l'occasion, coupable de sa faiblesse et toujours puni, l'être humain, de toutes les créatures terrestres, est la plus misérable. »

A cette boutade misantropique, le souffleur haussa les épaules, le malade ronfla plus fort, et la vicomtesse eut presqu'envie de rire. Le jeune docteur s'y trompa, et croyant entrer dans les idées de la dame, il poursuivit son thème. « Comparez avec le sort des animaux celui de l'homme : tandis qu'il est obligé de chercher péniblement un pain rare et grossier, une mouche trouve partout des montagnes de sucre et des fleuves de miel; partout elle rencontre une pâture délicate, abondante, assurée; le soin de pourvoir à ses besoins n'est rien pour elle; elle n'a ni l'obligation de penser ni celle de travailler; les fantômes de l'avenir ne la poursuivent pas, elle vit heureuse parce qu'elle ne songe point au lendemain. L'hiver vient, l'hiver la tue; mais elle n'a pas prévu la mort, cette mort que l'homme voit et redoute partout, cette mort que ce même insecte peut lui donner; car il suffit de la piqûre d'une larve qui n'aura pas la dix-millième partie de notre volume, pour nous faire périr dans d'atroces tortures. »

— « C'est donc avec grande impertinence, lui répondit le souffleur, qui crut avoir enfin trouvé une corde pour flageller la compagnie, que l'atôme humain se prétend le roi des animaux. Vous voyez bien ce soleil, cette lune, ces étoiles, disait un père à ses enfans, tout cela a été fait pour vous éclairer. Dans ce moment il entendit un ver qui disait à d'autres vers : Regardez ce superbe animal, si blanc, si gras, qu'on appelle homme; Dieu l'a fait pour nous nourrir, et il n'en est pas un seul qui ne vous soit destiné.

« Le ver avait raison. Croyez donc bien, ma chère dame, quoi qu'en pensent les naturalistes de la rue St.-Dominique, que les animaux n'ont pas plus été créés pour l'homme, que les terrines de Nérac ne l'ont été pour les souris; oui, nous sommes comme les autres vermines qui couvrent la terre aux derniers degrés de la création, et il est des êtres qui considèrent sans doute un roi des hommes comme nous considérons le roi des cailles ou une reine d'abeilles. »

La vicomtesse n'eut pas l'air de faire grande attention, l'autre continua : « Or donc, quand le prédicateur de votre paroisse s'écrie : Tout est possible à l'homme! c'est comme si une fourmi s'écriait : Tout est possible aux fourmis! Et cela parce qu'elles peuvent creuser des rigoles, prendre des pucerons et se défendre des araignées.

« Si les enfans d'Adam en savent un peu plus, s'ils font des édifices un peu mieux dorés, un peu mieux alignés, s'ils sont plus polis ou plus adroits, d'un autre côté ils sont moins sages, moins prévoyans, sans être ni plus entreprenans ni plus braves. En vain nous nous glorifions d'avoir bâti Notre-Dame, la flèche de Strasbourg, la colonnade du Louvre, d'avoir planté le jardin des Tuileries. Qu'est-ce que c'est que cela quand on est seulement à une lieue en l'air? des châteaux de cartes, une petite moisissure sur le sol, comme celle qui vient sur une pomme qui se gâte.

« Si nous avons parcouru les trois quarts de cette terre, elle est à l'univers moins que le champ où vit la fourmi est au globe, et cette fourmi, dans ses proportions, a autant de mérite à l'avoir reconnu que nous à mesurer notre planète.

« Elle en a même plus; car, privée de nos instrumens, de nos moyens de transport et de défense, elle a fait preuve d'une énergie morale, d'une finesse de tact et de sens bien autre que les nôtres, sans en excepter nos astronomes les plus malins, nos courriers de cabinet les plus lestes, nos escamoteurs politiques les mieux dressés, nos académiciens les plus matois.

« En vain ils sont fiers de leurs talens et ils se font payer par de gros appointemens et de bonnes pensions. Allez donc comparer leurs faits et gestes à ceux du moindre de ces animaux que nous appelons machine, et dont le nom est pour nous une injure. Un mulet est un botaniste plus subtil, plus certain de trouver le chardon qu'il veut, que Linnée, que Mirbel. Le dernier des cétacés, le marsouin se dirige aussi droit vers le pôle que le ferait M. Arago avec une boussole, un sextant et sa montre marine. Un chat qui regrette son logis, un chat, sans vapeur ni chemin de fer, sans carte, sans livre de poste, ira d'Anvers à Bruxelles plus sûrement que le roi Guillaume par la poste royale.

« Et s'il s'agit de force physique, d'effort musculaire, le coureur basque le plus léger ne pourra suivre un papillon qui se dandine en allant à la picorée, ou même ce poulet de huit j urs qui ne veut pas se laisser prendre.

« Et si nous en venons aux oiseaux de haut vol, une hirondelle fait vingt-deux lieues à l'heure ; le martinet en fait trente, et la hulotte que nous entendons le soir sur un moulin de Montmartre, était peut-être le matin sur le palais des czars. Et sans chercher si haut, descendant même aux plus vils insectes, si un homme avait proportionnellement la force d'une puce, il sauterait de la terre dans la lune. »

— « C'est peut-être parce qu'il n'a pas essayé, dit le républicain. »

— « S'il ne l'a pas essayé, murmura M. Cristophe qui se réveilla en ce moment, c'est que probablement la nécessité ne l'y a pas forcé. Si cette nécessité existait, l'organe naîtrait; car vouloir c'est pouvoir; et cette douleur, ces besoins dont vous vous plaignez, sont peut-être la cause de nos organes, de la forme de nos membres, enfin des moyens d'attaque et de défense de tous les êtres. »

— « Précisément, dit le souffleur; si les mouches ne piquaient pas, les ânes n'auraient pas besoin de queue pour les chasser; c'est un don que la Providence leur a fait pour les débarrasser de leur ennemi, quoiqu'elle eût été plus généreuse si elle ne leur en eût pas donné. »

— « Qu'en savez-vous? reprit le malade, et qui vous a dit que cet état de guerre de tous les êtres n'ait pas un but caché, ne soit pas un moyen de progression et de développement, et qu'il ne donne pas une nouvelle action à la vie ? »

— « C'est encore vrai, dit le souffleur ; pourquoi les susdits ânes resteraient-ils toujours ânes quand il existe des chevaux ? Pourquoi les uns comme les autres demeureraient-ils en place, lorsqu'il y a des aiguillons pour les forcer à courir et des loups affamés pour les obliger à ruer et se défendre ? Qu'est-ce qui amène la pensée et les actions de la moitié des êtres ? l'envie de mordre et de manger. Qu'est-ce qui anime celles de l'autre moitié ? la crainte d'être mordu ou d'être mangé. Et cependant on ne l'est jamais que pour son bien et son intérêt : la nature est un grand creuset où tout se cuit, se fond, s'épure, se raffine au tranchant des mâchoires et à l'alambic de la digestion. »

Ici la vicomtesse se boucha le nez ; il s'en aperçut et n'en babilla que mieux.

« La plante mange l'air et la terre, le veau mange la plante, l'homme mange le veau, le diable mange l'homme, et cela pour la plus grande gloire de la création, et encore pour l'honneur de la bonne cuisine.

« C'est cette épuration, ce passage de corps en corps, cette attraction des meilleures parties de chacun, de l'huile essentielle de la matière, qui fait l'excellence du tout, c'est-à-dire le bon esprit et le bon goût; bref, qu'est-ce qui produit la finesse de la chair de la poularde? c'est ce qu'elle mange.

« Qu'est-ce qui fait le génie du poète? c'est ce qu'il a mangé et la manière dont il l'a été.

« Mangez-vous donc, gens du bon Dieu, mordez, tordez, avalez, vous en sortirez tous plus beaux et plus frais, car ainsi le veut l'éternelle harmonie et le grand enchaînement des choses. »

Le vigneron s'était rendormi, le républicain n'osait applaudir à cause de la vicomtesse, et celle-ci murmura : « C'est du matérialisme tout pur. »

— « C'est le contraire, dit le souffleur, car cela prouve la puissance de la création et la force de l'ame que rien ne peut anéantir. Qu'est-ce qui amène la vie dans la matière? une cause puissante, générale, sur laquelle la destruction ne peut rien, qu'elle ne saurait même retarder. Vous avez beau écheniller, il y a encore des chenilles, il y en aura toujours; et les efforts des laboureurs des siècles passés et présens, unis à l'appétit des savans de tous les pays, n'ont pu empêcher un seul chardon de pousser.

« Cette consommation d'êtres, cette destruction de chair vivante qui semblerait en opposition avec les vues du père de la nature, ne sont donc qu'apparentes ; malgré la mort tout subsiste, tout croît, tout se perfectionne ; le ressort de l'esprit se complique avec ceux du corps ; oui, c'est par cet effort continuel de la vie contre la mort, ce combat entre le repos et la douleur, que les organes se multiplient, se mécanisent et s'engeancent, car tout commence par un point et une sensation ; toute pensée, tout corps composé ont d'abord été simples ; oui, tout est progressif, ce brave homme l'a dit, et la nature entière le démontre et le prouve. »

— « Est-il possible, s'écria la vicomtesse, qu'un homme à cheveux blancs fasse entendre de pareilles absurdités? »

— « Absurdité ! le mot est fort, reprit le souffleur, mais il conviendrait mieux à l'opinion opposée. Vous croyez donc, ma chère dame, qu'un être pensant naît du jour au lendemain comme un champignon? Quoi ! M. le docteur, parce que vous irez chez le notaire faire un contrat ; que vous vous rendrez ensuite à la municipalité, et que vous danserez à la noce avec madame votre épouse qui, au bout de neuf mois ou peut-être avant, vous rendra père d'un joli poupon, vous voilà convaincu que vous avez créé un homme, esprit, ame et tout, et que cela a commencé justement à l'instant où vous avez mis votre paraphe sur le papier timbré.

« Quoi! cette ame immortelle ne serait pas si vous n'aviez pas trouvé une plume pour signer le registre! ou si l'encre n'avait pas coulé dans cette plume! Mais si la créature était œuvre de la créature, si le fils était acte de la puissance ou du génie, ou de la volonté du père, il n'est pas de vil insecte, pas de méchant poisson qui ne fût plus puissant que vos plus habiles. Un hareng d'une demi-livre a cent mille œufs, une carpe de seize pouces en a 342,144, une femelle d'esturgeon en a pondu 7 millions 653,200, et Leenwenhock en a trouvé 9 millions 344,000 dans une morue. Voilà ce que les savans ont dit, et je ne le leur ai pas fait dire.

« A cela vous répondrez que ce hareng, que cette carpe, que cet esturgeon, matière inerte, ne sont que la boue qui fermente, et qu'ils n'ont pas plus d'ame que cette salade. Sachez, mon cher monsieur, que l'ame est partout et qu'elle a comme le corps ses âges et ses degrés. On n'est docteur qu'après avoir été bachelier, et député que lorsqu'on est éligible. Un homme n'est homme qu'après avoir été autre chose, et M. votre père n'a pas plus créé votre corps que vos habits. »

— « C'est trop fort ! s'écria la vicomtesse, sur qui le procédé commençait à agir. »

— « Oui, madame, je dis que Dieu a posé l'ame, que l'ame a posé la forme et que la forme croît avec l'ame; et ceci je le tiens encore de ce brave homme qui l'avait deviné en faisant son vin, et qui le démontrera, m'a-t-il dit, par quelques paperasses que l'on trouvera, après sa mort, dans sa boîte à perruque. »

Un pareil dévergondage était vraiment insoutenable ; cependant la dame tenait bon encore, mais elle avait à faire à un requin qui ne lâchait pas prise. Il voulut lui donner le coup de grâce, et il le fit de telle façon, que nous ne pouvons en dire davantage, et que la vicomtesse, pour le salut de son ame, crut devoir se retirer.

Quand elle fut dehors, le vieil hypocrite se frotta les mains, et le jeune docteur fut tenté d'en faire autant. Il est certain qu'il respira plus à l'aise; il s'était grandement repenti de sa sortie de la veille, et il se rappelait qu'en principe de convenance et même d'hygiène, le médecin comme l'avocat doit toujours être de l'opinion de ses cliens ; car il n'est pas de médecine ni même de raison qui puisse faire effet après une querelle, et l'oracle d'Epidaure disait toujours comme ceux qui le consultaient. C'était aussi ce que notre esculape, mieux inspiré, avait fait depuis le jour précédent, et si, par momens, il s'était tû, ou s'il avait encore haussé la voix, ce n'était que pour faire ressortir celle de sa future protectrice.

Mais, la dame partie, la musique changea. C'est ainsi qu'un habile accompagnateur ne frappe pas les notes formant dissonance avec l'intonation du chanteur qui n'a qu'un organe à demi-juste, et il appuie légèrement sur les autres; mais est-il quitte de son *mezzo cantánte,* il s'en dédommage par une harmonie complète, selon lui, et en tappant sur le clavier des doigts et du poing.

De même notre Brutus consultant, débarrassé de sa partie adverse, voulut chanter à pleine gorge et se mettre au diapason du souffleur pour qui il avait pris une espèce de considération depuis son infernal galimatias. Le pauvre innocent, malgré sa première mystification, n'avait pas encore deviné le masque, et ce fut principalement en sa considération qu'il se crut obligé, après le sermon du curé et celui de la vicomtesse, d'en faire un à sa façon, et il le commença en ces termes :

« Citoyen Cristophe, maintenant sans témoins, je puis vous parler de cœur. La jeune France, la France républicaine s'intéresse à vous, et sauf quelques idées rétrogrades qui se trouvent dans vos opinions, elle ne nie pas qu'il n'y ait en vous des traits d'hommes. Nous désirons donc vous compter des nôtres, et inscrire votre nom parmi ceux des enfans de la lumière et des régénérateurs du siècle.

« Mais, pour cela faire, citoyen Cristophe, il faut que vous teniez bon, car, si je ne me trompe, ce benin curé, et un peu l'honorable vicomtesse, travaillent à vous classer dans leur martyrologue, afin de vous mettre, après votre mort, dans une niche, aux genoux d'un jésuite; et je vous le demande, citoyen Cristophe, la belle figure pour un électeur constitutionnel!

« Tenez donc ferme, mon brave homme; voilà le moment : ne croyez pas un mot de ce que vous a dit cette brute en soutane, ce méchant curé de village qui voudrait nous persuader que le pape a créé l'univers avec ses bedeaux et les chanoines de Sainte-Marie-Majeure. Envoyez promener toutes ces fouines de sacristie; déclarez-leur bien que votre ame est à la liberté; que vous n'êtes pas un cagot; que vous n'avez besoin ni d'antiennes à vos relevailles, ni de cire à votre enterrement; que pour vous le champ du repos est l'autel de l'honneur et l'ombrage du rameau patriotique. Paré des droits de l'homme, vous avez vécu avec le siècle, il faut mourir avec lui. Couvrez-vous donc de ce noble signe, et ne vous laissez pas recoiffer en mourant de la tête d'âne dont vous avait affublé votre grand'mère. »

M. Cristophe n'entendit pas ces mauvaises fanfaronnades, ou fit semblant de ne pas les comprendre; il avait encore dans l'oreille la morale du pasteur : il se contenta d'enfoncer son bonnet de coton, en refusant celui que lui offrait notre Brutus. La scène en serait peut-être restée là, mais l'autre paroissien n'était pas homme à dire *amen* à quelqu'un ou à quelque chose, et lorsque l'orateur reprenant son exhortation, ajouta : « Suivez le bon conseil que je vous offre, et ne nous obligez pas à vous donner un charivari le lendemain de votre décès, ce qui ne manquera pas d'arriver si vous souffrez que ces gens-là vous convertissent à leurs momeries. »

— « Eh pourquoi donc voulez-vous le convertir aux vôtres? s'écria M. Narcisse d'un ton d'inspiré; est-ce donc là cette tolérance que vous nous promettez? Dans quel instant la liberté sera-t-elle respectée, si la dernière heure du mourant lui est même contestée?

« Allez, Monsieur, celui qui est en présence de l'éternité, hors de l'avenir et des intérêts humains, y voit aussi clair que l'écolier qui va les discuter au club.

« Que vous importe la croyance de cet homme, et de quel droit voulez-vous la lui disputer? La religion de chacun est son bien; il n'en est comptable que devant Dieu; et si cette religion adoucit ses derniers momens, pourquoi l'obscurcir? pourquoi tenter de la dissoudre dans son cœur? S'il voit le ciel ouvert, pourquoi le lui fermer? Détromper quelqu'un qui se croit heureux, c'est plus que l'assassiner. Ah! les missionnaires les plus fâcheux, les plus funestes, sont ceux qui détruisent sans édifier, car ainsi fit Satan, l'auteur de tout mal.

« Quel est ici votre but? que demandez-vous? qu'ira faire cet infortuné ou son cadavre sur l'autel de la patrie, sous votre rameau patriotique? Jouer une comédie à votre bénéfice. Oui, c'est pour cela que vous assiégez son cercueil. Le veau d'or est donc le Dieu de la terre, et l'intérêt la religion de toutes les sectes, la politique de toutes les factions? Et c'est vous qu'on nomme les croyans! les libéraux! Ah! ce paysan en soutane, comme vous l'appelez, est mille fois plus libéral que vous, car il n'exige pas du vieillard qu'en niant ce qui fut sa foi il dise qu'il a menti toute sa vie.

« Et moi, misérable excommunié, moi qu'ils traiteront d'impie ou d'athée, je veux être plus religieux qu'eux, en disant qu'au jour suprême il n'y a pas de distinction de foi, et que chacun doit mourir dans celle de ses pères.

« Ah! celle-là seule est réelle pour le mourant! ce n'est pas en cet instant qu'il peut cesser de croire ce qu'il a cru, qu'il peut concevoir ce qu'il n'a pas conçu ; tout ce que vous pouvez lui inspirer, c'est le doute, et le doute est déjà l'enfer.

« Non, non, n'attaquez pas la croyance du dernier jour : et qu'importe le dogme, où il y a une conviction? et qu'est-ce que le rite, quand il y a un culte en nous et en dépit de nous! On a toujours été de la vraie religion, on a toujours suffisamment et convenablement adoré Dieu, quand on a été juste et bon, et on l'adore encore quand on se repent de ne l'avoir pas été.

« L'erreur et l'ignorance sont partout ici-bas, le mal n'y est nulle part. Il n'est pas une seule règle qui le prescrive, il n'en est pas une qui le tolère. Oui, la conscience de chaque homme est la religion vraie, parce que la conscience ne vient point de la terre, elle émane du ciel ; et si elle n'indiquait pas le bien, ce ne serait pas la conscience, ce ne serait pas la religion.

« Le législateur le plus lucide, le plus utile, est celui qui a le mieux traduit cette conscience. Organe de l'ame, sa voix est celle de Dieu ; et celle-là seule est d'accord avec la raison de tous les temps, de tous les êtres. Heureux les peuples qui ont eu de tels prophètes !

« Vous qui vous prétendez du nombre, quelles sont vos doctrines ? que nous enseignez-vous ? quels progrès avez-vous fait faire au bon sens ? Si vous combattez l'Évangile, que trouvez-vous de si absurde dans ses préceptes, et qu'avez-vous de si lumineux à nous rendre à la place ? Sont-ce vos systèmes insensés ? est-ce votre propagande armée, ou les maximes subversives de vos cercles d'assassins ?

« Ah ! je crois plutôt à celui qui fit mettre à Pierre l'épée dans le fourreau, qu'à ceux qui crient : Aiguisez vos poignards ! La vérité n'apparaît jamais à la lueur du glaive, et le sang ne peut servir qu'à l'effacer. Arrière donc, jeunesse inconsidérée : respectez la dernière pensée d'un homme. S'il s'est trompé, si, pendant sa vie, il a eu le malheur de vouloir le mal ou de le commettre, dites-lui d'espérer dans la miséricorde de Dieu, qui est le père de tous les êtres et le réparateur de tous les torts. »

A cette homélie, le républicain ne douta plus qu'il

n'eût eu en face un véritable père de la foi. Lui abandonnant le champ de bataille, il sortit, bien convaincu que sa visite et sa morale avaient été fort utiles au malade.

Quant à M. Narcisse, pourquoi faisait-il le philosophe avec le curé, et le dévot avec le philosophe? et lequel des deux était-il? C'est ce qu'on ne peut expliquer qu'en disant qu'il ne voulait de la compagnie ni de l'un ni de l'autre, parce que probablement il avait besoin d'être seul. En thèse générale, quand un homme vient voir un mourant qui n'est ni son parent, ni son ami, on peut être assuré, s'il n'est médecin, notaire, ou s'il ne tient pas à l'administration des pompes funèbres, qu'il a quelque chose à prétendre dans la succession; or, c'était le cas du souffleur. Se trouvant enfin tête à tête avec M. Cristophe, il put lui déclarer ce qui l'attirait.

Il ne s'agissait pas de moins que d'un double legs du défunt comédien. Le premier consistait en un grand rouleau de papiers que nous examinerons en d'autres temps; le second en deux lettres de change que cet honnête homme, avant son trépas, avait tirées sur M. Cristophe, et que le souffleur, à l'ordre de qui elles étaient, venait réclamer à la décharge de l'enterrement, dont il avait encore les frais sur le cœur.

A cette requête d'argent au nom des trépassés, M. Cristophe fit la grimace; mais après un moment de réflexion, et lorsqu'il eut examiné les billets, il dit au souffleur d'ouvrir son secrétaire, de prendre dans un sac, qu'il lui indiqua, le montant des deux mandats, qui s'élevait à mille écus.

M. Narcisse fit de point en point ce qu'il lui prescrivait; mais au lieu de mille écus, il n'en prit que dix, acquitta les deux billets et les remit au malade.

M. Cristophe lui demanda pourquoi il ne gardait pas le reste? — « C'est que vous ne deviez rien à cet homme, que de l'envoyer aux assises, s'il eût vécu; mais il est mort, et je pense qu'en contribuant de trente francs à son enterrement, comme compatriote, vous aurez fait tout ce qui est juste : le reste, c'est moi qui dois le perdre, puisque j'ai commis la sottise de le lui prêter. »

Le moribond sentit le procédé; il tendit une main brûlante à son ancien ennemi.

Le vieux comédien au cœur de pierre parut touché; quelque chose qui ressemblait à une larme roula dans ses yeux : il saisit la main du vieillard, la pressa, et sortit sans mot dire.

....

....

....

....

Il existe ici une lacune d'une semaine, pendant laquelle on ne sait trop ce qui advint à M. Cristophe. On recueillit seulement quelques dires du bonhomme, et quelques uns encore du curé, de la vicomtesse et du médecin. Le sujet était toujours le même : chacun voulait convertir l'autre à son opinion, et chacun conservait la sienne, à l'exception de la portière, qui, n'espérant convertir personne, était alternativement de l'avis de tout le monde.

Après huit jours de bien et de mal, le malade s'étant cru mieux, avait voulu lire les lettres qui lui étaient arrivées pendant la semaine, et il y trouva des nouvelles qui influèrent gravement sur son état. Le maire de son endroit lui annonçait que, dénoncé comme républicain, il avait été destitué de ses fonctions de caporal de la garde nationale, où il était soupçonné de vouloir proclamer la loi agraire et l'abolition du mariage.

Par une seconde missive, il apprenait sa radiation de la liste des éligibles, parce qu'un de ses titres de propriété était sur du papier timbré à 75 centimes, au lieu de l'être sur du papier à 1 franc 25; mais ceci n'était qu'un prétexte, et le fait est que le préfet le regardait comme un ultra et un carliste des plus entreprenans.

Une troisième épître, des électeurs d'arrondissement, le prévenait de ne plus compter sur leurs voix, vu qu'ayant frayé avec le ministre, il était l'ennemi de la nation.

Enfin, la quatrième était de son marguillier, qui lui disait qu'en l'absence du curé, le vicaire avait prononcé un sermon contre lui, l'avait excommunié comme hérétique et blasphémateur, et avait fait jeter hors de l'église son banc municipal.

Ce dernier coup était pour lui le plus sensible, car il ne s'y attendait guère. Étant au mieux avec le curé, et même avec l'évêque, il ne croyait pas être mal avec le vicaire, à qui la barbe n'était pas encore poussée : le pauvre homme ne savait pas que l'église a aussi sa jeune France, c'est-à-dire ses brouillons et ses anarchistes, et que tout lévite adolescent se croit en droit d'injurier et de persécuter son vieux pasteur, par la raison que celui-ci a quarante ans de plus que lui, et qu'il s'est toujours fait honorer par sa charité, sa douceur et son savoir, toutes choses que repousse la moderne école comme tendant au schisme.

De tout ceci, notre industriel n'aurait fait que rire en bonne santé ; mais disposé comme il l'était aux malignes influences, il en fut vivement affecté. Il eut une seconde faiblesse, ou si vous l'aimez mieux une nouvelle attaque, et les choses étaient venues au point que son ami le curé, prêt à retourner à son bien-aimé presbytère, avait cru devoir prolonger son séjour. Il avait même écrit à madame Cristophe, à qui on avait laissé ignorer jusqu'à ce jour la maladie du bonhomme.

Elle était arrivée à Paris avec ses trois fils; mais M. Cristophe, tombé depuis vingt-quatre heures dans une atonie complète, ne les avait pas reconnus; la famille gémissante entourait le lit du moribond. La vicomtesse assurée de son loyer et de la conversion de son hôte qui avait reçu les sacremens, était partie pour la campagne. Le médecin, après avoir dit de donner au malade tout ce qu'il demanderait, ne venait plus que pour la bienséance et ses honoraires; il ne restait d'étranger à la famille que le curé, et la portière qui servait de garde tour à tour avec le vieux serviteur que madame Cristophe avait amené avec elle.

Le deuxième jour de l'arrivée des siens, l'assoupissement du malade cessa, il les reconnut, et se crut un instant revenu au champ paternel : il en éprouva de la joie, mais il ne devait plus le revoir.

Le troisième jour, ce jour devait être le dernier, le soleil brillait de tout son éclat ; M. Cristophe voulut le voir encore, il ordonna qu'on ouvrît ses fenêtres, et un rayon vint se poser sur sa figure décolorée : il sembla se ranimer, il fit signe à sa femme et à ses enfans de s'approcher, et d'une voix forte encore, il leur parla en ces termes :

« Ma femme, je vous remercie de tout le bonheur dont vous avez entouré ma vie ; vous fûtes épouse douce et fidèle, vous fûtes bonne mère, je vais là haut en rendre témoignage ; que la bénédiction du ciel vous accompagne ! Et vous, mes fils, écoutez les paroles d'un vieillard, il va paraître devant son juge, et son cœur est calme.

« Adorez Dieu, mes enfans, c'est le premier devoir, car c'est de Dieu seul que vous tirerez force et prudence.

« Respectez ses commandemens. Basés sur la nature et la raison, ils sont le principe de tout ordre.

« Pensez quelquefois à la mort, c'est le moyen qu'elle ne vous surprenne jamais.

« Aimez vos frères, on honore Dieu en honorant son œuvre. Être utile aux hommes, non seulement c'est le servir, mais c'est l'imiter. La première de toutes les adorations, celle qui nous rapproche le plus de la divinité, c'est de faire le bien; c'est aussi le plus sûr de tous les calculs. L'égoïsme est un ver rongeur, et le degré de souffrance dont nous sommes susceptibles est toujours celui de notre amour-propre.

« Soyez charitables, mais soyez-le avec discernement; l'aumône mal faite produit un grand mal. Faites travailler, c'est là l'aumône utile; instruisez et consolez, c'est l'aumône généreuse.

« Ne nuisez volontairement à personne; rappelez-vous que toute la justice humaine se trouve comprise dans ce seul principe : *Ne fais pas à autrui ce que tu ne veux pas qu'on te fasse*; et, n'en doutez pas, le mal que nous commettons retombe sur nous tôt ou tard. Si le coupable vous paraît heureux, l'apparence vous trompe, il souffre ou il souffrira.

« Jamais donc, même seul, même dans votre pensée, ne faites ce que votre conscience réprouve et ce dont vous rougirez devant le monde. Il n'est pas d'action qui ne se découvre un jour ; l'ame n'a pas plus de secret que le visage. Oui, je vous le répète, la pensée comme l'œuvre a toujours un résultat ; après l'homme reste son nom, après son nom il ne reste plus rien sur la terre, mais là haut, les souvenirs survivent, parce que l'ame ou la pensée ne meurt pas, et le souvenir d'une bonne comme d'une mauvaise action nous suit au delà du sépulcre.

« Modérez vos passions : si elles ne nous conduisent pas au crime, elles nous jettent les vices, et souvenez-vous qu'un vice est un ennemi que vous accueillez, un serpent qui, en vous flattant, travaillera toujours à votre ruine : rassasier un penchant coûte plus que d'acquérir une vertu.

« Il est des vices que la religion appelle capitaux, et ils le sont, car ils attaquent l'esprit et le cœur.

« La colère nous rapproche de la brute; l'animal le plus grossier est toujours le plus colère : la colère est la pierre qui revient sur celui qui la lance.

« Gardez-vous de toute action dans la colère; quelle qu'elle soit, elle sera à votre préjudice. Si une parole vous blesse, taisez-vous, car il est probable qu'à une injure vous répondrez une injure, un mensonge à un mensonge. On se repent souvent d'avoir parlé, presque jamais de s'être tû : la langue fait plus de plaies que le fer.

« L'amour de la vengeance est encore la colère. Pardonnez, si vous voulez que Dieu vous pardonne; et on le fait plus aisément quand on a raison que lorsqu'on a tort. Oubliez donc les injures, il en est bien peu de réelles : celui-là seul est philosophe, qui sait les supporter. Mais si vous êtes avide de vengeance, songez qu'un bienfait est la plus sûre, car elle éveille un remords.

« Soyez sobre et continent; une minute de plaisir peut donner une heure de souffrance et nous faire perdre un an de vie. Les trois quarts de nos maux viennent de nos excès; l'abus détruit le présent et l'avenir.

« Bornez vos désirs : désirer beaucoup c'est être pauvre, se contenter de peu c'est être riche; la richesse sans la modération ne produit pas l'aisance; le sage qui gagne son pain et un denier est plus opulent qu'un millionnaire; car les besoins, je viens de vous le dire, coûtent moins à satisfaire que le caprice qui jamais ne dit : c'est assez.

« Ne soyez point prodigue, c'est le moyen d'être libéral; la prodigalité appauvrit, mais l'avarice n'enrichit pas, et un avare dépense souvent plus à entasser qu'un dissipateur à tout laisser à l'abandon. Sachez donner à propos; l'argent qu'on dépense pour remplir un devoir ou acquérir un savoir est placé à un haut intérêt.

« Craignez l'envie. L'émulation est mère de toute création, de tout progrès, de toute perfection. L'envie tend à détruire tout cela ; c'est un venin qui ronge même celui qui le porte.

« La paresse engendre l'ennui ; l'ennui engendre la tristesse et la mort ; alors seulement un paresseux est utile; à charge à lui-même et aux autres, herbe parasite, il n'a fait qu'embarrasser le sol ; en mourant il le fertilise.

« Le paresseux est aussi un prodigue; la perte du temps est une grande dépense, et cette dépense est double quand on l'emploie mal : soyez-en économe.

« L'orgueil est le père de la sottise et le fils de l'ignorance. L'orgueilleux n'apprend rien parce qu'il croit tout savoir. L'ambition qui a produit de grands crimes a aussi conduit aux grandes vertus, mais la vanité qui n'est que l'orgueil des riens n'a jamais conduit qu'au ridicule.

« Le mensonge est né de la peur et de l'orgueil ; c'est le plus honteux et le plus nuisible des vices. N'altérez jamais la vérité, c'est le seul moyen d'être toujours cru. Le don de persuader n'accompagne pas le talent de bien mentir, et toujours l'on perd quelque chose à tromper. L'homme sur la parole de qui l'on compte est déjà riche, car il trouve partout crédit ; son nom est un gage sur lequel chacun prête.

« C'est ainsi que j'ai fait fortune, mes enfans. Jamais je n'ai voulu tromper, et chacun le voyait, car rien ne ressemble moins à un homme qui parle de bonne foi que celui qui ment.

« La mauvaise foi n'est souvent que l'étrange manie d'avoir par la voie oblique ce qu'on pouvait gagner par celle directe ; les gens qui se piquent de finesse sont presque toujours la dupe de ceux qui n'en ont point. Mais n'essayez jamais de conquérir en un jour ni la fortune, ni la réputation, on les obtient ainsi rarement ensemble : la bonne renommée et l'estime des hommes ne s'acquièrent qu'à la longue et par des vertus constantes.

« La persévérance mène plus loin que le génie même. Ne prenez pas légèrement une résolution, mais quand elle est prise, persévérez. L'inconstance et l'indécision nous condamnent à la médiocrité ; l'homme indécis est le plus malheureux des êtres ; continuellement tiraillé entre le bien et le mal, il est impropre à tout. Presque tous les maux et toutes les fautes de la vie viennent du doute et de l'incertitude. L'homme sans volonté est plus à craindre que le méchant. Le méchant ne fait le mal que par accès. L'être faible peut le causer à tout instant; il est semblable à la tuile qu'enlève le vent et qui vous tombe sur la tête.

« Il vaut mieux tout croire que tout nier ; mais évitez l'un et l'autre. La confiance aveugle est un malheur, la défiance extrême est un défaut : et l'on est également dupe de tous deux. Lorsqu'il s'agit d'une détermination importante, voyez d'abord par vos yeux et consultez ensuite. Le fou ne croit jamais que lui-même, le faible ne croit ordinairement que les fous, mais l'homme sage pèse tous les avis et ne croit qu'en sa conscience.

« Soyez économe de promesses et tenez toujours celles que vous faites ; songez que celui à qui vous avez promis y a compté : en lui manquant de foi, vous lui faites un tort réel, vous commettez presque un vol.

« Souffrez la peine avec résignation; l'effort qu'on fait pour s'y soustraire en est le plus cruel aiguillon. Ce qui alimente un chagrin c'est de voir les choses telles qu'elles auraient été et non telles qu'elles sont. Quand un malheur irréparable vous arrive, soumettez-vous, n'en rejetez pas la cause sur autrui ; ne vous en accusez pas vous-même, rien n'est plus inutile que le regret quand on n'est pas coupable, et dès qu'une perte est admise elle cesse d'en être une.

« Supportez avec la même patience la douleur physique, et ne maudissez pas la providence. Puisque la douleur est dans la nature, c'est qu'elle y est utile. Il n'y a de mal véritable que celui que l'être fait; sans la douleur pourriez-vous être? Agiriez-vous sans la pensée? C'est la pensée qui fait la douleur, c'est la douleur qui force à penser.

« La douleur vit en nous. L'art d'être heureux est celui de l'assoupir.

« Le bonheur humain n'est souvent que l'absence de la souffrance; et le seul moyen d'être heureux c'est d'être content de soi et des autres.

« Si vous avez commis une faute, ne vous abandonnez pas au désespoir, le remords est une faiblesse et ne rend jamais meilleur; le repentir au contraire ramène à la vertu. Ne désespérez donc jamais de vous-même. Si vous tombiez à ce point infime appelé opprobre, là encore, écrasé sous l'opinion, n'oubliez pas votre dignité d'homme : songez que l'être est une fraction de la Divinité et qu'il peut toujours se relever.

« Le désordre suit souvent le célibat. Il viendra un temps où il vous faudra choisir une épouse; prenez-la dans votre classe, l'égalité des conditions dans le mariage est une grande garantie de l'avenir : ne repoussez pas la fortune, mais préférez toujours une bonne femme à une femme riche.

« Epoux, respectez votre épouse, et pour cela respectez-vous vous-même; une femme veut être honorée et par son époux et dans son époux; celle qui l'est reste toujours pure; les vices des femmes naissent de ceux des hommes, ne l'oubliez pas et veillez sur vous avant de veiller sur elle.

« Veillez également sur vos enfans : votre premier soin doit être de leur donner une aussi bonne éducation que vos moyens le permettent, et ils vous permettront toujours de leur enseigner la raison, l'ordre et la vertu. Soyez indulgens envers eux, et ne soyez pas faibles, car leur perte est assurée.

« Dès qu'ils auront atteint l'âge, guidez-les dans le choix d'un état, mais ne forcez pas leur vocation; chaque individu a la sienne, il naît avec son intelligence et sa spécialité. Quand il dirige sa volonté vers le but où la nature l'a prédestiné, quand ces dispositions sont favorisées par les circonstances, il est sûr de réussir.

« Et d'où vient cette prédestination? Est-ce du hasard? Non, elle naît sans doute d'une volonté, d'une existence, d'une œuvre précédente, car ce qui est ne peut être que la suite de ce qui a été.

« Mais vous comme eux, si cette vocation ne se fait pas sentir, suivez l'état de votre père, soyez vignerons comme lui; celui qui cultive son champ y est roi. Et s'il a pour compagnes l'industrie et la frugalité, il y trouve des mines d'or. Il n'y a de pauvre que celui qui manque de bras ou de cœur.

« Gardez-vous surtout de délaisser votre héritage pour solliciter des fonctions payées, c'est aujourd'hui le dernier des métiers : vous n'y récolterez qu'ingratitude ; vous n'y trouverez ni l'aisance, ni la satisfaction de vous-même, car l'ignorance et la perversité y sont souvent des titres. Soyez artisans, soyez manœuvres, mais ne soyez pas commis.

« En repoussant toutes fonctions rétribuées, ne dédaignez jamais celles gratuites, celles utiles à vos compatriotes, celles enfin où leurs suffrages vous porteraient. Celles-là sont toujours honorables, elles sont toujours douces et légères, parce qu'elles nous laissent libres. Ne les acceptez cependant qu'avec la possibilité et l'intention de les bien remplir ; songez qu'un mauvais administrateur tient la place d'un bon, et que c'est faire le mal que d'empêcher le bien.

« Si vous ne pouvez être fonctionnaire utile, restez simple citoyen, adoptez-en franchement toutes les charges. On renonce aux bénéfices de la société quand on ne veut pas en remplir les devoirs. Soumettez-vous aux lois du pays, quelqu'imparfaites ou superflues qu'elles soient, car en vous mettant au dessus d'une seule vous apprenez à les braver toutes, et vous donnez un exemple qui tôt ou tard vous sera funeste. Obéissez et protestez ensuite; si la loi est déraisonnable pour vous, elle doit l'être également pour les autres; à votre voix se joindront les leurs, et vous serez crus. Voilà en quoi est profitable la liberté de tout dire.

« Réglez donc vos actions sur le code de la patrie; mais quant à votre pensée, elle est toute à vous; ainsi, prêtez serment à la loi, si la loi le veut ainsi; mais je vous défends de le prêter à un homme quel qu'il soit.

« Quant à votre religion, vous avez vu ma vie et vous voyez ma mort, décidez si ma croyance est la bonne, ou si votre père a failli........................

....

....

....

....

« Honorez tous les cultes et plaignez les erreurs, mais fuyez ceux qui affectent l'irréligion, ils ne sont pas sûrs, ce ne sont que des fanfarons qui mentent à eux-mêmes et aux autres; s'ils s'attaquent à Dieu qu'ils craignent, que feront-ils de vous qu'ils ne craignent pas ?

« Ne persécutez les prêtres d'aucun temple : il y en a beaucoup d'ignorans, beaucoup de fanatiques, mais il y en a plus encore de modérés, d'instruits et de vertueux : éclairez les premiers et écoutez les autres.

« Si vous étiez gouvernans, je vous dirais, ayez-en peu et ne les rendez jamais puissans, c'est le moyen qu'ils soient toujours utiles.

« Je vous dirais encore : Ne vous mêlez ni d'eux, ni du sanctuaire, c'est le secret pour qu'ils ne se mêlent pas du gouvernement. S'ils veulent le faire, ne le souffrez point, car, mauvais administrateurs, ils deviendront bientôt mauvais prêtres, et le plus déplorable des gouvernemens, après celui des soldats, a été celui du clergé.

« Vivez unis, l'union fait la force des familles, elle fait aussi leur considération et leur bien-être : c'est l'union qui les perpétue; la race de Jacob a couvert la terre de ses rameaux, parce que jamais elle n'en a brisé aucun.

« Respectez ma mémoire; respectez aussi le fragile monument qui l'entoure : que le temps l'anéantisse, mais que la main des miens ne le défigure pas; les morts et leur dire doivent rester ce qu'ils furent. Pourquoi recrépir un cadavre? Si j'avais encensé le veau d'or, si j'avais propagé l'imposture, alors, oui, alors il faudrait tout effacer; mais ce que j'ai dit, mes enfans, je le maintiens à cette heure suprême, car je l'ai dit en conscience : c'est la vérité, telle que mes faibles yeux ont pu l'apercevoir. Ce que j'ai dit, je l'ai cru bon et utile, car quiconque enseigne ce qu'il sait être nuisible, est coupable devant Dieu et envers les hommes. »

Ici, le vieux chien de M. Cristophe entra. Il s'approcha du lit du mourant, fit entendre un long gémissement : la famille tressaillit.

« Hélas! dit le vieillard, il m'avertit qu'il est l'heure, et qu'il faut me presser. »

Ses enfans éclatèrent en sanglots. Il sembla un moment partager leur douleur; mais bientôt son front redevint serein : il sourit et continua :

« Pourquoi pleurez-vous? ma tâche est terminée. L'autre jour, je repassai à côté du chêne que j'avais vu jeune, ployant sous le zéphir : il était creux, et son tronc tombait de vétusté ; les deux tiers d'un siècle s'étaient écoulés.

« Qu'est-ce que la vie ? De l'homme que l'on conduit à la mort à celui qui va à la fête, il n'y a que la différence d'un jour : ils marchent tous deux au même but.

« Mais la mort n'est qu'un court sommeil. Tandis que nous pleurons le trépas d'un fils, on se réjouit ailleurs de sa naissance.

« Si la vie est l'attente de la mort, la mort est le chemin de la vie. Qui vous a dit que ce que nous appelons l'existence d'un être soit sa vie entière ? Ah ! tout nous prouve que ce n'est qu'une de ses phases. Si le moindre choc peut briser ce faible corps, cette enveloppe d'une essence aussi puissante que l'ame, c'est que ce corps n'est que l'emprunt d'un instant fait à la matière, et qu'il doit se renouveler comme la feuille qui tombe ; c'est que Dieu, dans son équité, laisse les siècles à l'être pour y développer cette volonté, cette liberté qu'il lui a données.

« Non, non, l'état humain n'est point le terme de la création : il n'en est qu'un degré, il n'en est qu'un âge, qu'un passage, qu'un point dans l'éternité, que le prélude peut-être! Alors, qu'est-ce que le temps? la distance?.... »

Ici la voix du moribond faiblit, son regard brilla d'un éclat extraordinaire; puis ses idées changèrent: la patrie et son avenir semblèrent l'occuper; il crut voir des choses mystérieuses, éloignées. Un bruit sourd et plaintif, entremêlé de mots incohérens et sans suite, s'échappa de sa bouche :

« France!!! France!!! murmurait-il; république!!! république!!! trônes!! dynasties éteintes!!! Citoyens!!! la loi!.... la loi seule. L'Inde, empire...... L'Angleterre!!!!! l'Allemagne!...... la Russie... dissoutes.

« Peste!! destruction!!! Raison... plus d'échafauds..... plus de glaives.... Soldats travailleurs..... Communes..... Liberté..... plus d'esclaves..... plus de sang...

....

....

....

....

« Communication, unité d'intérêts.... unité d'action..... union européenne.... universelle............

....

....

« Les temps s'accomplissent........................
....
....

« Axe.... secousse..... destruction.................
....
....

Renaissance..... progrès..... mœurs.................. changement...... hymen... paternité ..... Education générale..... Un sage..... Religion..... Dieu seul..... Dieu grand...
....
....
.... »

Il parla ainsi long-temps. Dans ce dernier délire, il dit des choses étranges et terribles ; mais il ne nous est pas permis de les révéler. Ah! l'agonie a-t-elle ses vérités, et la tombe sa prescience? Non, non, l'avenir n'est découvert à aucun être.

Bientôt ses yeux s'éteignirent comme une lampe dont l'huile est consumée, sa tête s'affaissa, sa poitrine devint silencieuse....... On entendit alors un léger frémissement, et tout resta immobile et froid.....
....
....
....

....

....

Douze heures s'étaient écoulées ; le jour était revenu. Sur un lit on voyait un corps : c'était l'image d'un homme, et cet homme, la veille, se nommait Cristophe.

TABLE GÉNÉRALE

DES MATIÈRES.

PREMIÈRE PARTIE.

DEUXIÈME PARTIE.

TROISIÈME PARTIE.

QUATRIÈME PARTIE.

FIN DE LA TABLE.

IMPRIMERIE ET FONDERIE A. PINARD,
QUAI VOLTAIRE, N° 15.

www.ingramcontent.com/pod-product-compliance
Ingram Content Group UK Ltd.
Pitfield, Milton Keynes, MK11 3LW, UK
UKHW020443200726
13857UKWH00002B/546